# Kundenmanagement im Krankenhaus

T0223015

# Lizenz zum Wissen.

Sichern Sie sich umfassendes Wirtschaftswissen mit Sofortzugriff auf tausende Fachbücher und Fachzeitschriften aus den Bereichen: Management, Finance & Controlling, Business IT, Marketing, Public Relations, Vertrieb und Banking.

Exklusiv für Leser von Springer-Fachbüchern: Testen Sie Springer für Professionals 30 Tage unverbindlich. Nutzen Sie dazu im Bestellverlauf Ihren persönlichen Aktionscode C0005407 auf *www.springerprofessional.de/buchkunden/*

**Jetzt
30 Tage
testen!**

Springer für Professionals.
Digitale Fachbibliothek. Themen-Scout. Knowledge-Manager.

- Zugriff auf tausende von Fachbüchern und Fachzeitschriften
- Selektion, Komprimierung und Verknüpfung relevanter Themen durch Fachredaktionen
- Tools zur persönlichen Wissensorganisation und Vernetzung

*www.entschieden-intelligenter.de*

---

Springer für Professionals

Volker Nürnberg • Barbara Schneider

# Kundenmanagement im Krankenhaus

## Service – Qualität – Erreichbarkeit

Volker Nürnberg
Hochschule für angewandtes Management
Erding
Deutschland

Barbara Schneider
Technische Universität München
München
Deutschland

ISBN 978-3-658-05131-0
DOI 10.1007/978-3-658-05132-7

ISBN 978-3-658-05132-7 (eBook)

Die Deutsche Nationalbibliothek verzeichnet diese Publikation in der Deutschen Nationalbibliografie; detaillierte bibliografische Daten sind im Internet über http://dnb.d-nb.de abrufbar.

Springer Gabler
© Springer Fachmedien Wiesbaden 2014

Das Werk einschließlich aller seiner Teile ist urheberrechtlich geschützt. Jede Verwertung, die nicht ausdrücklich vom Urheberrechtsgesetz zugelassen ist, bedarf der vorherigen Zustimmung des Verlags. Das gilt insbesondere für Vervielfältigungen, Bearbeitungen, Übersetzungen, Mikroverfilmungen und die Einspeicherung und Verarbeitung in elektronischen Systemen.

Die Wiedergabe von Gebrauchsnamen, Handelsnamen, Warenbezeichnungen usw. in diesem Werk berechtigt auch ohne besondere Kennzeichnung nicht zu der Annahme, dass solche Namen im Sinne der Warenzeichen- und Markenschutz-Gesetzgebung als frei zu betrachten wären und daher von jedermann benutzt werden dürften.

Gedruckt auf säurefreiem und chlorfrei gebleichtem Papier

Springer Gabler ist eine Marke von Springer DE. Springer DE ist Teil der Fachverlagsgruppe Springer Science+Business Media
www.springer-gabler.de

# Vorwort

In Deutschland kursieren in nahezu allen gesellschaftlich und ökonomisch relevanten Branchen Servicebewertungen zu Kundenorientierung, Kundenzufriedenheit und Kompetenz von Mitarbeitern. Auf der Suche nach vergleichbaren Bewertungen im Krankenhaussektor sind wir trotz intensiver Recherche nur auf medizinische Qualitätsdaten z. B. in den nach § 137 SGB V vorgeschriebenen Qualitätsberichten und in einschlägigen Ärzterankings gestoßen. Daraufhin kam uns die die Idee, selbst Messungen zum Thema Kundenorientierung in Krankenhäusern durchzuführen. Im Mittelpunkt dieses Buches stehen neben herkömmlichen Kommunikationskanälen wie Telefon und Brief auch Zukunftsmedien aus dem Bereich Social Media.

Gerade für finanziell angeschlagene Einrichtungen ist die Erhöhung der Dienstleistungsqualität eine gute Möglichkeit, sich gegenüber Wettbewerbern zu differenzieren. Mit unserem Buch geben wir sowohl den Krankenhäusern selbst als auch den (potentiellen) Kunden eine Orientierung im Sinne einer Benchmark. Gleiches gilt für indirekte Kunden wie Krankenkassen, einweisende Ärzte und nicht zuletzt für unsere Leser.

Zudem möchten wir uns ganz herzlich bei der Vendus Sales & Communication Group für die fachliche Begleitung und logistische Unterstützung unseres Forschungsvorhabens bedanken. Wissenschaftlichen und methodischen Input haben wir dankenswerter Weise von der Technischen Universität München und der Hochschule für angewandte Wissenschaften erhalten. Ein letzter Dank gilt der Firma Mercer Deutschland GmbH, die uns ebenfalls stets tatkräftig unterstützt hat.

All unseren Lesern wünschen wir, dass sie nicht in die Lage geraten, Krankenhausleistungen in Anspruch nehmen zu müssen. Sollte dies doch einmal nötig sein, hoffen wir, dass ihnen dort die bestmögliche Servicequalität zuteilwird. Im besten

Fall konnten wir mit unserem Werk einen Anteil zur Verbesserung von Qualität, Service und Erreichbarkeit von Krankenhäusern beitragen.

München/Frankfurt im Januar 2014                              Barbara Schneider
                                                             Volker Nürnberg

# Inhaltsverzeichnis

# Abkürzungsverzeichnis

| | |
|---|---|
| Aufl. | Auflage |
| BIP | Bruttoinlandsprodukt |
| bzw. | beziehungsweise |
| d. h. | das heißt |
| DRG | Diagnosis Related Groups |
| ggf. | gegebenenfalls |
| GKV | gesetzliche Krankenversicherung |
| Hrsg. | Herausgeber |
| KHEntG | Krankenhausentgeltgesetz |
| KHG | Krankenhausfinanzierungsgesetz |
| Max. | maximal |
| Mio. | Millionen |
| Mrd. | Milliarden |
| PKV | private Krankenversicherung |
| PR | Public Relation |
| RSS | Really Simple Syndication |
| S. | Seite |
| SGB (V) | Sozialgesetzbuch (V) |
| u. a. | unter anderem |
| z. B. | zum Beispiel |
| z. T. | zum Teil |

# Einführung

**1**

**Zusammenfassung**

Die Einführung hat zum Ziel, die aktuelle Situation deutscher Krankenhäuser aufzuzeigen und auf diese Weise den Einstieg in das Thema ‚Der Kunde im Krankenhaus' zu erleichtern. Dabei wird zunächst die Relevanz der Analyse der Kundenorientierung, die in ausgewählten deutschen Krankenhäusern durchgeführt wurde, für den Krankenhausmarkt hervorgehoben. Darüber hinaus geht es darum, einen Überblick über das deutsche Gesundheitssystem zu erhalten und es aus einem internationalen Blickwinkel heraus zu betrachten.

## 1.1 Die Relevanz des Themas

Die finanzielle Lage vieler deutscher Krankenhäuser verschlechtert sich drastisch. Jede zweite Klinik hat einer Studie zufolge im vergangenen Jahr Verluste gemacht. Branchenvertreter fordern dringend mehr Geld – obwohl die Ausgaben der Krankenkassen bereits deutlich gestiegen sind.[1]

Laut dem Krankenhaus-Barometer 2013, einer aktuellen Studie des Deutschen Krankenhausinstituts, hatte im Jahr 2012 rund die Hälfte der deutschen Allgemeinkrankenhäuser Verluste zu verzeichnen. Im Vergleich zum Vorjahr ist der Jahresfehlbetrag damit von 31 % auf besorgniserregende 51 % gestiegen, sodass sich die wirtschaftliche Situation deutscher Krankenhäuser offenbar deutlich verschlechtert hat. Darüber hinaus erwarten einer Umfrage zufolge 39 % der Krankenhäuser eine weitere Verschlechterung ihrer wirtschaftlichen Lage (Blum et al. 2013).

---

[1] http://www.spiegel.de/wirtschaft/soziales/krankenhaus-barometer-jede-zweite-klinik-machte-2012-verlust-a-934568.html.

V. Nürnberg, B. Schneider, *Kundenmanagement im Krankenhaus*, DOI 10.1007/978-3-658-05132-7_1, © Springer Fachmedien Wiesbaden 2014

Angesichts dieser Entwicklungen stellt sich die Frage, was die Ursachen dieser schwierigen finanziellen Situation sind und mit welchen Maßnahmen die Krankenhäuser zur Verbesserung ihrer aktuellen Situation beitragen können.

Neben zahlreichen Studien, welche die medizinische Qualität deutscher Krankenhäuser bewerten, soll nun die Kundenorientierung als weiterer Faktor zur Beurteilung stationärer Einrichtungen in den Fokus gerückt werden. Die Kundenorientierung als solche kann von Krankenhäusern in verschiedenster Art und Weise umgesetzt werden. Im Rahmen dieses Buches liegt der Schwerpunkt auf den Bereichen Social Media sowie telefonische und schriftliche Erreichbarkeit. Das Handlungsfeld ‚Social Media' kann weiter in die Teilaspekte soziale Netzwerke und Krankenhauswebsites gegliedert werden. Die zentralen Inhalte sind die Ermittlung und Auswertung relevanter Daten zum Thema Kundenorientierung in ausgewählten deutschen Krankenhäusern. Auf Basis der genannten Handlungsfelder soll den Krankenhäusern eine Orientierung im Themenfeld Kundenorientierung geboten werden. Darüber hinaus können das auf Basis der Datenerhebung Vergleiche zwischen den beteiligten Einrichtungen gezogen werden, was insbesondere in den Zeiten massiver wirtschaftlicher Bedrohung die Möglichkeit zum Benchmark mit Wettbewerbern bietet.

## 1.2   Das Gesundheitswesen im internationalen Vergleich

Weltweit bestehen verschiedene Arten von Gesundheitssystemen, die in unterschiedliche Typen eingeteilt werden und auch in gemischter Form auftreten können. Für diese Einteilung kann als zentrales politisches Steuerungsinstrument im Gesundheitswesen das Finanzierungssystem verwendet werden, sodass die Gesundheitssysteme einzelner Länder voneinander abgegrenzt werden können. Als Beispiele seien folgende Gesundheitssysteme genannt:

- Nationaler Gesundheitsdienst: Finanzierung aus Steuermitteln (z. B. Großbritannien, Italien, Finnland)
- Sozialversicherung: Finanzierung durch gesetzliche Krankenversicherung oder gesetzliche Pflegeversicherung, (z. B. Deutschland, Frankreich)
- Privatversicherung: Finanzierung individuell oder durch Beiträge der Unternehmen (z. B. USA).

Bevor im weiteren Verlauf näher auf das deutsche Gesundheitssystem eingegangen wird, soll zunächst ein Überblick über die weltweite Situation des Gesundheitswesens geschaffen werden. Dabei werden sowohl gesundheitswirtschaftliche als auch bevölkerungsspezifische Aspekte in die Betrachtung einbezogen.

Ein Kriterium für den internationalen Vergleich gesundheitsrelevanter Daten stellt die Lebenserwartung dar. Diese beträgt in Deutschland im Moment durchschnittlich 80,32 Jahre, wobei Frauen mit 82,72 eine um 4,68 Jahre höhere Lebenserwartung aufweisen als Männer mit 78,04 Jahren.[2] Neben dem Unterschied zwischen Männern und Frauen ist die Lebenserwartung in hohem Maß auch vom sozialen Umfeld. Längst ist bekannt, dass sozial Schwächere einen schlechteren Gesundheitszustand und damit eine geringere Lebenserwartung aufweisen als Personen aus wohlhabenderen sozialen Schichten (Wilkinson und Marmot 2003).

Im weltweiten Vergleich belegt Deutschland somit Platz 28 zwischen Norwegen auf Platz 27 und Jordanien auf dem 29. Rang. Spitzenreiter bezüglich der Lebenserwartung ist Monaco mit 89,63 Jahren, dicht gefolgt von den Ländern Macau und Japan. Zwar ist die Lebenserwartung der deutschen Bevölkerung im Vergleich zum weltweiten Durchschnittswert von 68,09 Jahren deutlich höher, jedoch stellt sich die Frage, ob Platz 28 im weltweiten Ranking auf Defizite im deutschen Gesundheitssystem zurückzuführen ist.[3] Betrachtet man die internationalen Gesundheitsausgaben, so ergibt sich ein neuer Blickwinkel auf die Situation. In Deutschland betrugen die Ausgaben im Gesundheitswesen im Jahr 2010 insgesamt 287,3 Mrd. €. Dies entspricht einem Anteil am Bruttoinlandsprodukt (BIP) von 11,6 % und Ausgaben von 3.510 € pro Einwohner. Im weltweiten Vergleich des Anteils der Gesundheitsausgaben am BIP liegt Deutschland somit auf Rang vier hinter den USA, den Niederlanden und Frankreich. Beim Vergleich der Pro-Kopf-Ausgaben nimmt Deutschland Platz neun ein, wobei auch hier die USA die mit Abstand höchsten Gesundheitsausgaben zu verzeichnen haben.[4]

Bei der Betrachtung aller beschriebenen Daten fällt auf, dass Deutschland bei vergleichsweise hohen Gesundheitsausgaben keinen dementsprechend hohen Rang in Bezug auf die Lebenserwartung einnimmt. Im Rahmen gesundheitspolitischer Diskussionen stehen die steigenden Ausgaben im Gesundheitsbereich und die dadurch drohenden Probleme bereits seit einigen Jahren im Fokus. Aber stellen hohe Ausgaben tatsächlich einer Gefahr für das Gesundheitssystem dar? Eine mögliche These besagt, dass ein höheres Einkommen zu einer steigenden Nachfrage nach Gesundheitsgütern führt. Andererseits können hohe Gesundheitsausgaben auch

---

[2] http://www.laenderdaten.de/bevoelkerung/lebenserwartung.aspx.

[3] http://www.laenderdaten.de/bevoelkerung/lebenserwartung.aspx.

[4] http://www.bmg.bund.de/fileadmin/dateien/Publikationen/Gesundheit/Broschueren/Daten_des_Gesundheitswesens_2012.pdf.

aus einer ineffizienten und kostenintensiven Arbeitsweise des Gesundheitssystems resultieren.[5]

Bei der Gegenüberstellung von Gesundheitsausgaben und Lebenserwartung wird deutlich, dass nicht zwangsweise von der Höhe der Ausgaben auf die Effizienz des Systems geschlossen werden kann. Die Vorstellung, ein hoher Anteil der Gesundheitsausgaben am BIP würde zu einer hohen Lebenserwartung der Bevölkerung führen entspricht somit nicht der Realität, wie man am Beispiel Deutschland erkennen kann. So wird zwar ein im internationalen Vergleich überdurchschnittlicher Anteil des BIP für Gesundheitsleistungen aufgewendet, jedoch ist die Lebenserwartung der Deutschen nur vergleichsweise durchschnittlich (Müller und Klement 2012).

## 1.3    Das Gesundheitswesen in Deutschland

Das Gesundheitswesen bzw. -system ist definiert als die „Gesamtheit der Einrichtungen und Personen, welche die Gesundheit der Bevölkerung fördern, erhalten und wiederherstellen sollen (Nagel 2013, S. 27)." Das Gesundheitssystem in seiner jetzigen Form ist jedoch das Ergebnis zahlreicher Entwicklungen, Reformen und Umstrukturierungen, die hauptsächlich im letzten Jahrhundert stattfanden.

### 1.3.1    Geschichtlicher Hintergrund

Das deutsche Gesundheitssystem nahm seinen Anfang im Jahr 1883, als unter der Regierung von Kanzler Bismarck die verpflichtende Krankenversicherung eingeführt wurde. Um die heutige Situation des Gesundheitswesens nachvollziehen zu können, ist es jedoch ausreichend die neueren Entwicklungen nach Ende des Zweiten Weltkriegs zu betrachten. Zu dieser Zeit befand sich das Gesundheitswesen in einer Phase der umfassenden Expansion. Durch das Wirtschaftswunder und den damit verbundenen Wohlstand der Bevölkerung kam es zu einem Anstieg der Anzahl der Leistungserbringer sowie der Behandlungsleistungen. Das medizinische Wissen vergrößerte sich stetig, sodass immer mehr neue Technologien eingeführt wurden. Dies führte einerseits zu einer wachsenden Spezialisierung der Versorgung, andererseits zu einem massiven Anstieg der Kosten. Aufgrund dieser Entwicklungen veränderte sich Mitte der siebziger Jahre die Situation dahingehend, dass das

---

[5] http://www.wirtschaftsdienst.eu/archiv/jahr/2012/6/2802/#tab1.

Gesundheitswesen in eine Phase der Kostendämpfung geriet. Die Konzentration auf die Kostendämpfung dauert bis heute an und bestimmt das Gesundheitswesen somit noch immer maßgeblich (Porter und Guth 2012).

## 1.3.2 Entwicklung und Struktur

Das Gesundheitssystem in Deutschland besteht im Wesentlichen aus drei Hauptakteuren: den Patienten, den Kostenträgern und den Leistungserbringern. Patienten sind Privatpersonen, die – in der Rolle der Nachfrager – bei den Leistungserbringern bestimmte Leistungen zur Wiederherstellung oder Erhaltung der Gesundheit bekommen. Die dadurch entstehenden Kosten werden nicht vom Patienten selbst getragen, sondern werden den Leistungserbringern von den Kostenträgern erstattet. Innerhalb der Kostenträger lassen sich Primär- und Sekundärfinanzierer unterscheiden. Zu den Primärfinanzierern zählen private und öffentliche Haushalte sowie private und öffentliche Arbeitgeber. Die Sekundärfinanzierer basieren auf dem System der sozialen Sicherung (Heinrich 2011), zu dem folgende Formen der Sozialversicherung gehören:

- gesetzliche Krankenversicherung (GKV)
- Pflegeversicherung
- Unfallversicherung
- Arbeitslosenversicherung
- Rentenversicherung
- private Krankenversicherung (PKV)
- staatliche Beihilfe für Beamte (Schrimpf und Bahnemann 2012).

In der eben beschriebenen Dreiecksbeziehung zwischen Patient, Leistungserbringer und Kostenträger wird letzterer auch als ‚Third Party Payer' bezeichnet, da er als dritte Partei hinzukommt und den Finanzintermediär zwischen Patient und Leistungserbringer darstellt (Behrendt et al. 2009).

Im Mittelpunkt der medizinischen Versorgung und der Finanzierung des Gesundheitswesens steht vor allem die GKV, da sie den weitaus größten Teil der Gesundheitsausgaben trägt (Heinrich 2011). Mit dem ‚Gesetz über die Krankenversicherung der Arbeiter von 1883' war die GKV geboren (Nagel 2013). Ihre Aufgabe ist es „die Gesundheit der Versicherten zu erhalten, wiederherzustellen oder ihren Gesundheitszustand zu bessern(...).“[6] Das System der GKV beruht

---

[6] § 1 SGB V.

auf einkommensabhängigen Beitragssätzen, kostenloser Mitversicherung für Angehörige sowie umlagebasierter Finanzierung ohne Kapitalstock (Porter und Guth
2012). Ein wesentlicher Bestandteil ist auch das Solidaritätsprinzip, nach dem ein
Ausgleich zwischen finanziell Starken und Schwachen, Jungen und Alten sowie
Ledigen und Familien geschaffen wird (Nagel 2013). Zudem sind Krankenkassen
dazu verpflichtet, jeden zu versichern, der einen Antrag auf Versicherung stellt
(Kontrahierungszwang). Im Gegenzug muss auch jeder Bürger Mitglied einer (gesetzlichen oder privaten) Krankenversicherung sein (Versicherungspflicht) (Porter
und Guth 2012), wobei den Versicherten seit Einführung der freien Kassenwahl
1996 selbst überlassen ist, welcher Krankenkasse sie angehören. Die Finanzierung
der GKV erfolgt seit 2009 über den Gesundheitsfond und den morbiditätsorientierten Risikostrukturausgleich. Der Gesundheitsfond besteht aus Beitragseinnahmen
der Krankenkassen, einem Bundeszuschuss aus Steuereinnahmen und bei Bedarf
aus Zusatzbeiträgen der Versicherten. Die Beiträge errechnen sich nach einem bestimmten Beitragssatz, der von den Versicherten und deren Arbeitgebern getragen
wird (Nagel 2013).

Während etwa 90 % der deutschen Bevölkerung der gesetzlichen Krankenversicherung angehören, sind nur etwa zehn Prozent der Versicherten privat versichert.
Dies liegt vor allem darin begründet, dass nur Personen mit einem Jahreseinkommen von über 53.550 € (Stand 2014)[7] sowie Beamte und Selbstständige zur PKV
zugelassen sind. Im Gegensatz zur GKV richten sich die Beiträge hier nach dem
jeweiligen Risiko des Versicherten für eine Inanspruchnahme von medizinischen
Leistungen. Anders als die gesetzlichen können private Krankenversicherungen
Anträge auf Aufnahme ablehnen. Ein weiterer Unterschied besteht darin, dass die
Mitglieder medizinische Leistungen zunächst selbst bezahlen und die Kosten erst
im Nachhinein von der PKV erstattet bekommen (Porter und Guth 2012), während
die gesetzlich Versicherten alle medizinischen Leistungen als Naturalleistungen (d.
h. Leistungen nicht-finanzieller Art) erhalten und dem Leistungserbringer nicht
zur Zahlung verpflichtet sind (Nagel 2013). Gemeinsam ist GKV und PKV, dass
sie ihren Versicherungen eine große Menge an Leistungen anbieten und die Versicherten die jeweiligen Leistungserbringer frei wählen können. Bei den gesetzlichen
Krankenkassen wird das Leistungsspektrum allerdings vom Gesetzgeber und dem
Gemeinsamen Bundesausschuss, einem Gremium von Krankenkassen, Ärzten und
Leistungserbringern, vorgegeben. Der Gemeinsame Bundesausschuss dient dazu, im Rahmen der Selbstverwaltung des Gesundheitswesens Entscheidungen zu
treffen, den zukünftigen Leistungsbedarf im Gesundheitswesen zu berechnen und

---

[7] http://www.beitragsbemessungsgrenze-online.de/.

die Bedingungen des Qualitätsmanagements der Leistungserbringer zu bestimmen (Porter und Guth 2012).

Die Leistungserbringer in Deutschland setzen sich aus ambulanten Gesundheitseinrichtungen wie Ärztehäusern, stationären Einrichtungen wie Krankenhäusern, Trägern staatlicher Einrichtungen wie Bund und Ländern, Verbänden der freien Wohlfahrtspflege wie dem Roten Kreuz und privaten Leistungserbringern wie Apotheken zusammen (Schrimpf und Bahnemann 2012).

Im Bereich der ambulanten Versorgung erbringen Vertrags(zahn)ärzte, die eine Kassenzulassung innehaben, die medizinischen Leistungen (Nagel 2013). Seit 1955 sind alle niedergelassenen Ärzte zu einer Mitgliedschaft in einer der sogenannten Kassenärztlichen Vereinigungen verpflichtet, welche sich aus regionalen Gruppenstrukturen der Ärzte entwickelten. Die Kassenärztlichen Vereinigungen organisieren die ambulante Versorgung einer Region, indem sie Verträge mit den Krankenversicherungen schließen. Im Jahr 2004 bekamen niedergelassene Ärzte die Möglichkeit, unabhängig von den Kassenärztlichen Vereinigungen Verträge mit Krankenversicherungen zu schließen (Porter und Guth 2012).

In der stationären Versorgung nehmen die Krankenhäuser eine zentrale Stellung ein, da sie unter den (teil-)stationären Einrichtungen den größten Anteil an den Gesundheitsausgaben haben. Insgesamt verursachte der (teil-) stationäre Sektor im Jahr 2011 rund 37 % der gesamten Gesundheitsausgaben. Mit 107,4 Mrd. € wurden dabei 3,2 % mehr aufgewendet als im Vorjahr. Die wichtigsten (teil-)stationären Einrichtungen waren die Krankenhäuser (+ 3,3 % auf 76,8 Mrd. €), gefolgt von Einrichtungen der (teil-)stationären Pflege (+ 3,1 % auf 22,2 Mrd. €) sowie von Vorsorge- und Rehabilitationseinrichtungen, auf welche 8,4 Mrd. € (+ 2,3 %) entfielen (Statistisches Bundesamt 2013).

## 1.3.3  Wandel im Gesundheitssektor

Wie bereits erwähnt kämpft das Gesundheitswesen in Deutschland bereits seit den siebziger Jahren mit stetig steigenden Kosten. Die Hauptproblemfelder sind die Finanzierung, die Versorgungsqualität, das Fachpersonal und die Zusammenarbeit zwischen den einzelnen Interessengruppen, wobei das Grundproblem darin besteht, dass die Gesundheitsausgaben stärker wachsen als das BIP – ein Trend, der sich auch in Zukunft fortsetzen wird.[8] Als Gründe sind die – im Zusammenhang

---

[8] Sachverständigenrat für die Konzertierte Aktion im Gesundheitswesen, Finanzierung, Nutzenorientierung und Qualität, 2003, S. 22, zit. aus Porter und Guth 2012, S. 8.

mit dem demographischen Wandel – zunehmend alternde Bevölkerung, Zivilisationserkrankungen wie Diabetes Mellitus (Typ 2), eine steigende Nachfrage nach Gesundheitsleistungen und eine wachsende Anspruchshaltung der Konsumenten zu nennen, wobei auch die steigenden Gehälter des medizinischen Personals einen Beitrag zur aktuellen Situation leisten.[9] Ob auch neue Technologien im Rahmen des medizinischen Fortschritts einen Einfluss auf die Kostenstruktur haben, ist noch nicht geklärt, da die Kosten z. T. durch Neuerungen erhöht, durch andere aber gesenkt werden. Im Zuge der besorgniserregenden Kostenentwicklung im Gesundheitswesen wurden seit den siebziger Jahren zahlreiche Gesundheitsreformen mit dem Ziel der Kostendämpfung durchgeführt (Porter und Guth 2012). Zwischen 1977 und 1983 beispielsweise wurde zum einen das Krankenversicherungs-Kostendämpfungs-Gesetz erlassen, zum anderen wurde die Selbstbeteiligung der Versicherten (z. B. für Heilmittel und Zahnersatz) eingeführt. Als weitere Maßnahmen zur Kostendämpfung sind das Gesundheits-Reformgesetz 1989, das Gesundheitsstrukturgesetz 1993, das GKV-Solidarisierungsstärkungsgesetz 1999, die GKV-Gesundheitsreform, das GKV-Modernisierungsgesetz 2004 und das GKV-Wettbewerbsstärkungsgesetz 2007 zu nennen (Nagel 2013). Durch die Reformen wurden Budgets, Rabatte und Preisgrenzen eingeführt, zudem wurden bestimmte Leistungen von der Versicherung ausgeschlossen. Dank der Bemühungen zur Kostensenkung konnte die sogenannte Kostenexplosion eingeschränkt werden, sodass sich der Kostenanstieg verlangsamte. Dennoch bestehen weiterhin Defizite im deutschen Gesundheitssystem und die Diskussionen um eine neue Reform dauern noch immer an (Porter und Guth 2012).

## Literatur

Behrendt, I., König, H.-J., & Krystek, U. (Hrsg.). (2009). *Zukunftsorientierter Wandel im Krankenhausmanagement. Outsourcing, IT-Nutzenpotenziale, Kooperationsformen, Changemanagement* (1. Aufl.). Berlin: Springer-Verlag.

Beitragsbemessungsgrenze. (2014/2013). http://www.beitragsbemessungsgrenze-online.de/. Zugegriffen: 3. Jan. 2014.

Blum, K., Löffert, S., Offermanns, M., & Steffen, P. (2013). *Krankenhaus Barometer. Umfrage 2013. (Elektronische Version)*. Düsseldorf: Deutsches Krankenhausinstitut e. V.

Bundesministerium für Gesundheit. (2013). http://www.bmg.bund.de/fileadmin/dateien/ Publikationen/Gesundheit/Broschueren/Daten_des_Gesundheitswesens_2012.pdf. Zugegriffen: 24. Juli 2013.

---

[9] Rothgang 2007, zit. aus Porter und Guth 2012, S. 8.

Heinrich, D. (2011). *Customer Relationship Management im Krankenhaus: Empirische Überprüfung eines Kundenwertmodells für niedergelassene Ärzte. (Elektronische Version).* (1. Aufl.). Wiesbaden: Gabler Verlag.

Lexas Länderdaten. (2013). http://www.laenderdaten.de/bevoelkerung/lebenserwartung.aspx. Zugegriffen: 24. Juli 2013.

Müller, G., & Klement, C. (2012). Deutsches Gesundheitssystem teuer und ineffizient - eine Fehldiagnose? (Elektronische Version). ZBW - Leibniz-Informationszentrum Wirtschaft. Wirtschaftsdienst 2012/2013. DOI 10.1007/s10273-012-1362-7.

Nagel, E. (2013). *Das Gesundheitswesen in Deutschland. Struktur, Leistungen, Weiterentwicklung.* (5. vollständig überarbeitete und erweiterte Aufl.). Köln: Deutscher Ärzte-Verlag.

Porter, M. E., & Guth, C. (2012). *Chancen für das deutsche Gesundheitssystem. Von Partikularinteressen zu mehr Patientennutzen. (Elektronische Version).* (1. Aufl.). Berlin: Springer-Verlag.

Schrimpf, U., & Bahnemann, M. (2012). *Deutsch für Ärztinnen und Ärzte. (Elektronische Version).* (1. Aufl.). Berlin: Springer-Verlag.

Sozialgesetzbuch. (2013). http://www.sozialgesetzbuch-sgb.de/sgbv/107.html. Zugegriffen: 9. Sept. 2013.

Spiegel online. (2013). http://www.spiegel.de/wirtschaft/soziales/krankenhaus-barometer-jede-zweite-klinik-machte-2012-verlust-a-934568.html. Zugegriffen: 24. Nov. 2013.

Statistisches Bundesamt. (2013). Gesundheit. Grunddaten der Krankenhäuser 2011. (Elektronische Version). Fachserie 12, Reihe 6.1.1.

Wilkinson, R., & Marmot, M. (Hrsg.). (2003). *Social determinants of health. The solid facts. (Elektronische Version).* (2. Aufl.). Denmark: World Health Organization.

# Krankenhäuser, Kundenmanagement und Kundenorientierung

**2**

**Zusammenfassung**

Im Rahmen der Hintergrundinformationen zu den Themen Krankenhäuser, Kundenmanagement und Kundenorientierung werden die relevanten Basisinformationen dargestellt, welche für die Untersuchung der Kundenorientierung von Krankenhäusern nötig sind. Für ein besseres Verständnis des stationären Sektors in Deutschland erfolgt neben einer Definition des Begriffs 'Krankenhaus' eine Erläuterung der Klassifizierung und Finanzierung von Krankenhäusern. In diesem Zusammenhang werden auch aktuelle Entwicklungen der Krankenhauslandschaft berücksichtigt. Ein weiterer Schwerpunkt liegt auf den Patienten, deren Bedeutung unter den Gesichtspunkten der Kundenorientierung und des Kundenmanagements dargestellt wird. Die Maßnahmen der Kundenorientierung umfassen das (Online-)Marketing in Gesundheitswesen und Krankenhaus sowie Kommunikationsstrategien und bilden die theoretische Basis für die anschließende Untersuchung ausgewählter deutscher Krankenhäuser.

## 2.1 Krankenhäuser in Deutschland

### 2.1.1 Definition von Krankenhäusern

Laut § 107 Sozialgesetzbuch V (SGB V) sind Krankenhäuser

Einrichtungen, die der Krankenhausbehandlung oder Geburtshilfe dienen, fachlich-medizinisch unter ständiger ärztlicher Leitung stehen, über ausreichende, ihrem Versorgungsauftrag entsprechende diagnostische und therapeutische Möglichkeiten verfügen und nach wissenschaftlich anerkannten Methoden arbeiten, mit Hilfe von jederzeit verfügbarem ärztlichem, Pflege-, Funktions- und medizinisch-technischem

V. Nürnberg, B. Schneider, *Kundenmanagement im Krankenhaus*,
DOI 10.1007/978-3-658-05132-7_2, © Springer Fachmedien Wiesbaden 2014

Personal darauf eingerichtet sind, vorwiegend durch ärztliche und pflegerische Hilfeleistung Krankheiten von Patienten zu erkennen, zu heilen, ihre Verschlimmerung
zu verhüten, Krankheitsbeschwerden zu lindern oder Geburtshilfe zu leisten, und in
denen Patienten untergebracht und verpflegt werden können.[1]

Das Krankenhausfinanzierungsgesetz (KHG) definiert in § 2 Krankenhäuser in
verkürzter Form als

Einrichtungen, in denen durch ärztliche und pflegerische Hilfeleistung Krankheiten,
Leiden oder Körperschäden festgestellt, geheilt oder gelindert werden sollen oder
Geburtshilfe geleistet wird und in denen die zu versorgenden Personen untergebracht
und verpflegt werden können.[2]

Selbstverständlich ist ‚Krankenhaus' nur der Oberbegriff für viele unterschiedliche
Formen, sodass eine genauere Einteilung erforderlich ist. Zudem wird im SGB
V zwischen Krankenhäusern und Vorsorge- oder Rehabilitationseinrichtungen
(§ 107 Ab S.2 SGB V) unterschieden. Diese Unterscheidung ist nötig, weil
sich die Einrichtungen bezüglich der Zulassung der Versicherten zur stationären
Versorgung, aber auch hinsichtlich Finanzierung und Vergütung unterscheiden.

## 2.1.2  Klassifizierung von Krankenhäusern

Krankenhäuser können nach diversen Kriterien in verschiedene Typen eingeteilt
werden, dazu zählen Zulassung, Trägerschaft, Rechtsform, Größe, Versorgungsstufe, ärztlich-pflegerische Zielsetzung, ärztliche Besetzung, Verweildauer sowie
Behandlungs- und Pflegeintensität.

Vor der Einteilung nach den eben genannten Kriterien lassen sich Krankenhäuser laut Statistischem Bundesamt allerdings zunächst grob in ‚Allgemeine
Krankenhäuser' – mit einer Anzahl von 1.736 – und ‚Sonstige Krankenhäuser' – mit
einer Anzahl von 309– unterscheiden. Zu den ‚Sonstigen Krankenhäusern' gehören
solche mit ausschließlich psychiatrischen, psychotherapeutischen oder psychiatrischen, psychotherapeutischen und neurologischen Betten sowie reine Tages- oder
Nachtkliniken und Bundeswehrkrankenhäuser (Statistisches Bundesamt 2013).

Um medizinische Leistungen an gesetzlich versicherten Patienten mit den
Krankenkassen abrechnen zu können, müssen Krankenhäuser laut SGB V eine
Zulassung besitzen. Zu den zugelassenen Krankenhäusern zählen Hochschulkli-
niken, Krankenhäuser, die ein Teil des Krankenhausplanes eines Landes sind

---

[1] § 107 SGB V.
[2] § 2 KHG, zit. aus Busse et al. (2010), S. 49.

(insgesamt 1.436 Plankrankenhäuser) (Statistisches Bundesamt 2013), und solche, die einen Versorgungsvertrag mit den Krankenkassen abgeschlossen haben (Busse et al. 2010).

Krankenhausträger sind definiert als Personen, Körperschaften oder Institutionen, die ein Krankenhaus besitzen oder betreiben. Es werden öffentliche, frei/gemeinnützige und private Trägerschaften unterschieden, wobei erstere mit einer Anzahl von 1.110 am häufigsten vertreten sind (Statistisches Bundesamt 2013). Öffentliche Krankenhäuser sind meist unter der Trägerschaft von Ländern, Kreisen, Gemeinden oder Zweckverbänden, dagegen werden frei/gemeinnützige von Kirchen und Wohlfahrtsverbänden betrieben. Private Krankenhäuser müssen als gewerbliche Unternehmen eine Konzession nach § 30 Gewerbeordnung aufweisen (Heinrich 2011) und können als Träger beispielsweise einen Arzt mit bestimmter Fachrichtung oder auch eine Kapitalgesellschaft haben (Nagel 2013).

Die beiden möglichen Rechtsformen öffentlicher Krankenhäuser sind öffentlich-rechtlich und privatrechtlich, wobei ihnen die Wahl der Rechtsform weitgehend selbst überlassen ist, sodass auch ein öffentliches Krankenhaus durchaus in einer privaten Rechtsform geführt werden kann. Im Jahr 2007 waren 24 % der öffentlichen Krankenhäuser öffentlich-rechtlich (unselbstständig), 20 % öffentlich-rechtlich (selbstständig) und 56 % der öffentlichen Häuser privatrechtlich geführt.

Bezüglich der Größe von Krankenhäusern ist in erster Linie die Anzahl der Betten zu beachten, die wiederum eng mit der jeweiligen Versorgungsstufe zusammenhängt. Obwohl zwischen den Bundesländern keine einheitliche Definition der Versorgungsstufen besteht, ist die Einteilung in Grundversorgung (bis 200 Betten) und Regelversorgung (bis 350 Betten), Schwerpunkt- bzw. Zentralversorgung (350 bis 1.000 Betten) und Maximalversorgung (über 1.000 Betten) am weitesten verbreitet (Busse et al. 2010). Als Abgrenzungskriterien dienen neben der Bettenzahl die Art und Anzahl der Fachabteilungen, die Bereitstellung besonderer Dienste und technischer Einrichtung sowie die Verpflichtung zur Beteiligung an der Notfallversorgung (Heinrich 2011). Krankenhäuser der Grund- und Regelversorgung haben die Aufgabe, die flächendeckende Versorgung zu sichern und weisen in jedem Fall die Abteilungen Chirurgie und Innere Medizin auf. Schwerpunktkrankenhäuser sind für die überregionale Versorgung zuständig und sind meist in mittleren und größeren Städten angesiedelt. In ihren bis zu zehn Fachabteilungen übernehmen sie auch häufig die Ausbildung von Ärzten und Pflegepersonal. Krankenhäuser mit Maximalversorgung beinhalten alle Krankenhausdisziplinen sowie eine große Anzahl an Spezialisierungen (Nagel 2013).

Neben der Versorgungsstufe gibt es noch weitere Kriterien, mittels derer ein Krankenhaus nach seinen Bedarfsbereichen eingeteilt werden kann. Betrachtet man beispielsweise die ärztlich-pflegerische Zielsetzung, so sind Allgemeinkrankenhäuser, Fachkrankenhäuser und Sonderkrankenhäuser zu unterscheiden (Haubrock und Schär 2002). Während bei Allgemeinkrankenhäusern keine bestimmte Fachrichtung im Vordergrund steht, erfolgt in Fachkrankenhäusern eine Spezialisierung auf bestimmte Krankheiten oder spezielle Behandlungsmethoden. Sonderkrankenhäuser beschränken sich auf spezielle Behandlungsverfahren oder behandeln nur bestimmte Patientengruppen und beinhalten z. B. den psychiatrisch-neurologischen Bereich. Ein weiteres Kriterium ist die Art der ärztlichen Besetzung, welche Anstalts- und Belegkrankenhäuser voneinander unterscheidet. In ersteren erbringen die im Krankenhaus hauptamtlich beschäftigten Ärzte die medizinischen Leistungen. Im Gegensatz dazu werden in Belegkrankenhäusern die Leistungen von niedergelassenen Ärzten erbracht, wobei auch Mischformen zwischen Anstalts- und Belegkrankenhaus auftreten (Nagel 2013).

Bei der Beurteilung von Krankenhäusern nach der Intensität von Behandlung und Pflege lassen sich letztlich noch Akut- und Langzeitkrankenhäuser sowie jene für chronisch Kranke unterscheiden (Haubrock und Schär 2002).

### 2.1.3  Finanzierung von Krankenhäusern

Die Krankenhausfinanzierung basiert im Wesentlichen auf zwei Gesetzen, dem Krankenhausfinanzierungsgesetz (KHG) von 1991 und dem Krankenhausentgeltgesetz (KHEntG) aus dem Jahr 2002. Das KHG stellt hierbei ein staatliches Planungsmodul dar, während dem KHEntG ein wettbewerbliches Vergütungsmodul zugrunde liegt (Busse et al. 2010). Eine weitere Grundlage der Krankenhausfinanzierung ist das duale Finanzierungssystem, was bedeutet, dass einerseits Investitionskosten durch die Fördermittel der Länder finanziert werden und andererseits Behandlungs- und Betriebskosten von den Krankenkassen getragen werden (Nagel 2013).

Die Voraussetzung für die öffentliche Förderung eines Krankenhauses ist dessen Aufnahme in den Krankenhausplan eines Landes. Im Rahmen der Einzelförderung erfolgt die Förderung (z. B. für die Errichtung von Krankenhäusern, die Wiederbeschaffung und Nutzung von längerfristigen Anlagegütern, Anlaufkosten, Umstellungskosten oder die Erleichterung der Schließung von Krankenhäusern) auf Antrag des Krankenhausträgers. Außerdem fördern die Länder mittels Pauschalförderung die Wiederbeschaffung kurzfristiger Anlagegüter sowie kleinere Baumaßnahmen durch feste jährliche Pauschalbeträge, mit denen das Krankenhaus – im Rahmen der Zweckbindung – frei wirtschaften kann. Im Falle einer Teilförderung erfolgt die restliche Finanzierung der Investitionskosten entweder über Eigenmittel des Krankenhauses, Fördermittel des Krankenhausträgers oder über

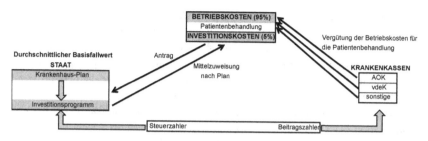

**Abb. 2.1** Duale Krankenhausfinanzierung. (eigene Darstellung, vgl. Busse et al. 2010)

weitere Drittmittel, wie z. B. Spenden oder Zuschüsse von Kommunen (Heinrich 2011).

Im Rahmen der Betriebsfinanzierung von Krankenhäusern werden laut § 4 Nr. 2 KHG dabei „leistungsgerechte Erlöse aus den Pflegesätzen [...] sowie Vergütungen für vor- und nachstationäre Behandlungen und für ambulantes Operieren" voneinander unterschieden.[3] Die duale Krankenhausfinanzierung wird in Abb. 2.1 anschaulich dargestellt.

Das Ziel der dualen Finanzierung ist es, in den Ländern die ökonomische Umsetzung des Krankenhausplanes zu sichern. Im Krankenhausplan ist festgelegt, welche und wie viele Krankenhäuser für die Bedarfsdeckung notwendig sind. Entscheidendes Kriterium ist hierbei die Anzahl an Krankenhausbetten, die zur Verfügung stehen muss, um gemessen an Bevölkerungszahl, Verweildauer, Krankenhaushäufigkeit und Betten-auslastungsgrad die Versorgung sicherzustellen. Nur in Krankenhäusern, die in den Versorgungsplan aufgenommen sind, werden die Investitionskosten aus Steuermitteln finanziert. Aufgrund der angespannten Haushaltslage in den Bundesländern konnten diese in den letzten Jahren den Auftrag der Investitionsförderung nicht in ausreichendem Maß erfüllen, sodass derzeit ein sogenannter Investitionsstau besteht. Private Krankenhausunternehmen tragen ihre Investitionskosten durch die Nutzung von Eigen- und Fremdkapital selbst, was inzwischen auch viele Plankrankenhäuser umsetzen.

Die zweite Hälfte der dualen Krankenhausfinanzierung soll die Finanzierung der Behandlungskosten sicherstellen und beruht auf dem G-DRG-System. Dieses fallorientierte System ersetzt die tagesgleichen Pflegesätze und wurde im Jahr 2000 im Zuge der Gesundheitsreform eingeführt. Nach einer Vorbereitungsphase erfolgte 2003/04 eine budgetneutrale Einführung der Diagnosis Related Groups (DRG) für die Abrechnung der individuellen Krankenhausbudgets (Busse et al.

---

[3] § 4 Nr. 2 KHG.

2010). Mit Hilfe dieses Systems ist es möglich, Patienten zu klassifizieren und einzelne stationäre Behandlungsepisoden anhand festgelegter Kriterien zu Gruppen zusammenzufassen. Die Fallgruppen, die daraus entstehen, weisen eine medizinische und ökonomische Ähnlichkeit auf. Die Zuordnung zu den Fallgruppen erfolgt anhand von Haupt- und Nebendiagnosen sowie Behandlungen, außerdem werden weitere patientenbezogene Parameter wie Alter, Geschlecht und Verweildauer einbezogen. Der Wert der Vergütung ergibt sich aus der Multiplikation der Bewertungsrelation der DRG mit dem Basisfallwert. Der Basisfallwert stellt den Betrag dar, der die Grundlage für die Berechnung der DRG-Preise bildet. Da die Berechnung der Fallpauschalen sehr komplex ist, wird in diesem Rahmen nicht näher darauf eingegangen. Bis zum Jahr 2014 sollen die landeseinheitlichen Basisfallwerte an einen bundeseinheitlichen Basisfallwert angeglichen werden, sodass letztlich in allen Krankenhäusern für gleiche Leistungen ein einheitlicher Preis gilt. Ziele der Einführung der DRG sind einerseits eine erhöhte Transparenz und Vergleichbarkeit der Kosten, andererseits eine stärkere Patientenorientierung sowie ein besseres Qualitätsmanagement (Nagel 2013).

## 2.1.4   Veränderungen in der Krankenhauslandschaft

Die bereits angesprochene schwierige finanzielle Situation im deutschen Gesundheitswesen wirkt sich, wie in Abb. 2.2 zu sehen, selbstverständlich auch auf den Bereich der stationären Versorgung aus, sodass Krankenhäuser als Teil des Gesundheitswesens tiefgreifenden Veränderungen und Umbrüchen ausgesetzt sind.

### 2.1.4.1   Umstrukturierung im stationären Sektor

Diese Veränderungsprozesse wirken sich u. a. auf die Kennzahlen des Krankenhausmarktes aus. Bei der Betrachtung der Anzahl an Krankenhäusern und deren Bettenzahlen fällt eine stetige Verringerung der Zahlen auf. Gab es im Jahr 1991 in Deutschland noch 2.411 Krankenhäuser, so ist die Zahl bis 2011 auf 2.045 gesunken (Statistisches Bundesamt 2013). Der Anteil der Krankenhäuser, denen die Insolvenz droht, wird mit in den kommenden Jahren mit großer Wahrscheinlichkeit weiter ansteigen.[4] Analog verhält es sich mit der Anzahl an Krankenhausbetten: Im Vergleich zu 1991 mit 665.565 Betten gab es 20 Jahre später nur noch 502.029 Betten, also etwa 160.000 Betten weniger. Eine noch dramatischere Entwicklung ist bei den Verweildauern zu beobachten. Trotz steigender Fallzahlen, ein Effekt, der

---

[4] Klauber et al. (2010), zit. aus Fischer und Sibbel (2011).

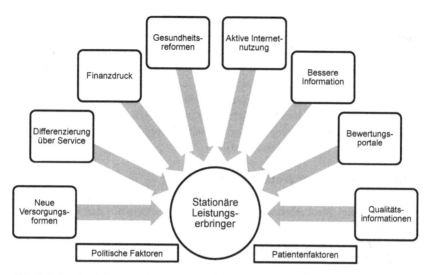

**Abb. 2.2** Einflussfaktoren auf den stationären Gesundheitssektor. (eigene Darstellung, vgl. Papenhoff und Platzköster 2010)

z. T. auf eine ,angebotsinduzierte Nachfrage' zurückzuführen ist, haben sich die Verweildauern seit 1991 mit einem Rückgang von ursprünglich 14 Tagen auf 7,7 Tage in 2011 nahezu halbiert (Statistisches Bundesamt 2013). Im Zusammenhang mit der angebotsinduzierten Nachfrage wird im AOK Bericht des Jahres 2013 besonders der Anstieg finanziell lukrativer Eingriffe wie Operationen der Wirbelsäule thematisiert.[5] Die Auswirkungen dieser Veränderungen schlagen sich deutlich in der Bettenauslastung nieder, die mit 77,3 % (2011) rund 6,8 % niedriger ausfällt als noch 1991 (Statistisches Bundesamt 2013). Ein Grund dafür ist die unzureichende Verringerung der Bettenkapazitäten, da die Bettenzahlen nicht in ausreichendem Maß an den Rückgang der Belegungstage angepasst wurden. Als Ursache für die gesunkenen Verweildauern und die damit verbundenen Folgen gilt die Einführung des DRG-Systems (Heinrich 2011).

Die Umstellung des Finanzierungssystems mit der Einführung der DRG sowie die duale Finanzierung im stationären Sektor bringen diverse Probleme zum Vorschein. Zum einen ist aufgrund des DRG-Systems ein Rückgang der Verweildauern mit einer gleichzeitigen Verlagerung in den ambulanten Sektor zu verzeichnen.

---

[5] http://www.spiegel.de/gesundheit/diagnose/aok-krankenhausreport-zahl-der-wirbelsaeulen-ops-drastisch-gestiegen-a-871515.html.

Zum anderen nimmt der Schweregrad der Erkrankungen bei Krankenhauspatienten zu, da Patienten, bei denen eine ambulante Behandlung möglich ist, in den meisten Fällen auch ambulant behandelt werden. Dies hat wiederum eine geringere Anzahl stationärer Operationen und eine reduzierte Bettenauslastung zur Folge, während die Bettenanzahl im Rahmen der dualen Finanzierung jedoch das Kriterium für die staatliche Förderung darstellt. Aufgrund der Investitionsfinanzierung durch die Bundesländer werden Krankenhäuser von Seiten der Politik beeinflusst und sind bei hohem Innovationsdruck von der sinkenden staatlichen Investitionsquote bedroht (Nagel 2013).

### 2.1.4.2  Verstärkter Wettbewerb

Die zahlreichen Umstrukturierungen im Gesundheitssektor führen zudem zu einer Neuordnung des Wettbewerbs. Dabei findet nicht nur zwischen den Krankenhäusern, sondern auch zwischen stationären und ambulanten Leistungserbringern ein verstärkter Wettbewerb um Patienten statt. Im stationären Sektor sind etwa 70 bis 80 % der Patienten aus unterschiedlichen Gründen, wie z. B. regionalem Bezug, an ein Krankenhaus gebunden. Lediglich die übrigen 20 bis 30 % der Patienten können frei wählen, in welchem Krankenhaus sie sich behandeln lassen, sodass es besonders wichtig ist die Patientengruppen, die in der Wahl eines Krankenhauses flexibel sind, als Kunden zu gewinnen. Obendrein schlagen sich die Auswirkungen des Wettbewerbs vor allem im oberen Viertel der Auslastungskurve von Krankenhäusern nieder, sodass schon ein Rückgang von nur fünf Prozent einen erheblichen Umsatzverlust bewirken kann. Um dieser Entwicklung entgegenzuwirken und auch in Zukunft im Wettbewerb erfolgreich zu sein, müssen Krankenhäuser nicht nur ein effizientes Kostenstrukturmanagement entwickeln, sondern auch im Bereich des Kundenmanagements effektive Maßnahmen ergreifen (Braun von Reinersdorff 2007).

### 2.1.4.3  Fortschreitende Privatisierung

Einen entscheidenden Faktor für den starken Wettbewerbsanstieg stellen die Umstrukturierungs- und Konzentrationsprozesse im stationären Sektor dar (Braun von Reinersdorff 2007). Da viele Krankenhäuser unter öffentlich-rechtlicher Trägerschaft mit Finanzierungsproblemen kämpfen (Salfeld et al. 2009), übernehmen immer häufiger private Anbieter öffentliche Häuser.[6] Dabei kann entweder das ganze Krankenhaus oder aber nur ein gewisser Prozentsatz von einem privaten Träger übernommen werden, sodass sich in Bezug auf die Trägerschaft auch Mischformen ergeben.

---

[6] Neubauer (2000), zit. aus Braun von Reinersdorff (2007), S. 115.

Weil private Anbieter von der öffentlichen Finanzierung unabhängig und somit in ihren unternehmerischen Aktivitäten flexibler und autonomer sind, können sie sich auch leichter auf profitable Bereiche der Versorgung spezialisieren,[7] was jedoch dem politischen Ziel der flächendeckenden Gesamtversorgung entgegensteht. Für die Zukunft ist zu erwarten, dass sich der Markt für private Gesundheitsleistungen aufgrund der wachsenden Bereitschaft der Versicherten, Leistungen selbst zu finanzieren, noch bedeutend vergrößern wird. Betrachtet man diese Entwicklungen, so überrascht es nicht, dass seit Beginn des 21. Jahrhunderts der Marktanteil privater Krankenhäuser um 16 % gestiegen ist. Dies hat zur Folge, dass besonders öffentliche und frei/gemeinnützige Krankenhäuser mit weniger als 200 Betten von Schließungen betroffen sind (Braun von Reinersdorff 2007).

Im Jahr 2011 war bereits jedes dritte Krankenhaus (33,2 %) in privater Trägerschaft, Tendenz steigend. Dagegen ist der Anteil öffentlicher Krankenhäuser seit 1991 von 46,0 % auf 30,4 % gesunken, während sich der Anteil frei/gemeinnütziger Krankenhäuser nur in geringem Maß auf 36,5 % verringerte (1991: 39,1 %). Auch bezüglich der Rechtsform von öffentlichen Krankenhäusern zeigt sich, dass die Privatisierung weiter voranschreitet, so wurden im Jahr 2011 58,6 % der öffentlichen Krankenhäuser in privatrechtlicher Form (z. B. GmbH) geführt, während im Jahr 2002 der Anteil nur knapp halb so hoch (28,3 %) war. Private Einrichtungen weisen eine durchschnittliche Anzahl von 128 Betten auf und zählen damit zu den kleinen Krankenhäusern, während öffentliche Krankenhäuser mit durchschnittlich 391 Betten mehr als dreimal so groß sind. Somit steht nahezu jedes zweite Bett (48,4 %) in einem öffentlichen Krankenhaus, gut ein Drittel der Krankenhausbetten (34,3 %) in einem frei/gemeinnützigen und lediglich ein knappes Sechstel (17,3 %) in einem privaten Krankenhaus (Statistisches Bundesamt 2013).

Privatisierungen betreffen jedoch nicht nur kleinere Krankenhäuser, die daraufhin in Form von hochspezialisierten Fachkliniken auftreten, sondern auch Krankenhäuser der Maximalversorgung. Ein Beispiel ist das Universitätsklinikum Gießen/Marburg, welches als erstes Universitätsklinikum privatisiert und von der Rhön-Klinikum AG übernommen wurde.[8] Die Konzentrationen im stationären Sektor beschränken sich allerdings nicht nur auf die öffentlichen Krankenhäuser, sondern treten auch im Bereich der privaten Versorgung auf, so wurden im Jahr 2005 die Helios-Kliniken von der Fresenius AG übernommen.[9] Innerhalb der privaten Trägerschaft scheint somit ein Konzentrationsprozess zu einer geringeren Anzahl an Krankenhausketten im Gange zu sein. Es ist zu erwarten, dass sich im

---

[7] Porter (1997), zit. aus Braun von Reinersdorff (2007), S. 115.

[8] Rhön-Klinikum AG 2006, zit. aus Heinrich (2011), S. 43.

[9] Helios-Kliniken GmbH 2005, zit. aus Heinrich (2011), S. 44.

Zuge der weiteren Privatisierung der Krankenhauslandschaft die Konzentration auf die Wirtschaftlichkeit erhöhen und dadurch der finanzielle Druck vor allem auf unrentable Krankenhäuser weiter steigen wird (Heinrich 2011).

## 2.1.5  Anspruchsgruppen von Krankenhäusern

Jedes Unternehmen steht mit vielen verschiedenen Personen, Personengruppen, Organisationen und Institutionen in Verbindung. Diese sogenannten Anspruchsgruppen können entweder Einfluss auf das Unternehmen ausüben, oder aber sie werden ihrerseits vom Unternehmen beeinflusst. Die Relevanz, welche die jeweilige Anspruchsgruppe für ein Unternehmen hat, ergibt sich aus der Stärke der gegenseitigen Wechselwirkungen. Für den Erfolg eines Unternehmens – so auch für Krankenhäuser – ist es entscheidend, die unterschiedlichen Bedürfnisse der einzelnen Anspruchsgruppen zu kennen und zu berücksichtigen. Das Erreichen dieses Ziels ist jedoch nicht immer einfach, da hinsichtlich der Interessen der verschiedenen Anspruchsgruppen häufig Konflikte auftreten. So kann ein Mitarbeiter eines Krankenhauses zugleich auch ein potentieller Patient mit völlig anderen Interessen sein. Nach der Identifizierung der Anspruchsgruppen müssen sie im nächsten Schritt nach ihrer Bedeutung für das Unternehmen klassifiziert werden. Im Umfeld von Krankenhäusern gibt es aus der großen Anzahl an Anspruchsgruppen vier, die in sehr engem Zusammenhang mit dem Unternehmen Krankenhaus stehen: Krankenkassen, einweisende Ärzte, Mitarbeiter und Patienten. Der Patient eines Krankenhauses wird auch als direkter Kunde bezeichnet, während alle anderen Anspruchsgruppen indirekte Kunden darstellen. Selbstverständlich erhebt diese Aufzählung keinen Anspruch auf Vollständigkeit, sodass auch andere Beteiligte eine große Bedeutung für Krankenhäuser aufweisen können (Sobhani 2009).

### 2.1.5.1  Krankenhauspersonal

Zu den Berufsgruppen, die in einem Krankenhaus beschäftigt sind, zählen natürlich Ärzte und Pflegepersonal, jedoch sind auch Mitarbeiter im Wirtschafts- und Versorgungsdienst, Mitarbeiter im Verwaltungs- und im technischen Dienst, Mitarbeiter von Apotheken, Physio- und Psychotherapeuten, Masseure und Sozialarbeiter zu nennen. In geringerer Anzahl sind auch Diätassistenten, Logopäden, Heilpädagogen und Sonderdienste vertreten. Alle Beschäftigen lassen sich verschiedenen organisatorischen Bereichen zuteilen. Diese umfassen den ärztlichen Dienst, den Bereich den Pflegepersonals sowie den Wirtschafts- und Versorgungsdienst (Nagel 2013). In personalwirtschaftlicher Hinsicht bestehen für Krankenhäuser zunehmend Probleme bei der Rekrutierung und Bindung von Ärzten und

Mitarbeitern des Pflegepersonals, die nicht nur qualifiziert, sondern auch zu unternehmerischem Denken in der Lage sind (Braun von Reinersdorff 2007). Neben dem Entgelt sind nach der maslowschen Bedürfnispyramide materielle Mehrwerte wie betriebliches Gesundheitsmanagement, Betriebskindergarten und Weiterbildungsmöglichkeiten relevante Parameter für (potentielle) Arbeitskräfte.

Zwar verursacht der Faktor ‚Personal' zwischen 60 und 70 % der Gesamtkosten eines Krankenhauses,[10] jedoch stellt er nicht nur einen Kostenfaktor, sondern auch einen Erfolgsfaktor dar.[11] Dies zeigt sich daran, dass in Folge des ausgeprägten Dienstleistungscharakters von Krankenhausleistungen sehr hohe Anforderungen an das Krankenhauspersonal – und dabei vor allem an die Mitarbeiter mit Patientenkontakt – gestellt werden.[12] Werden diese Anforderungen nicht in ausreichendem Maß berücksichtigt, so können aufgrund der Wechselwirkungen zwischen Personal und Unternehmenserfolg erhebliche qualitative und finanzielle Probleme entstehen. Besonders im Hinblick auf die steigende Notwendigkeit der Kunden- und Serviceorientierung von Krankenhäusern erscheint eine stärkere Konzentration auf das Krankenhauspersonal bedeutsam (Braun von Reinersdorff 2007). Zudem hat die hohe Kundenintegration bei Krankenhausdienstleistungen zur Folge, dass Krankenhausmitarbeiter, die in häufigem Kundenkontakt stehen, dahingehend adäquat geschult werden müssen (Busse et al. 2010).

## 2.1.5.2 Vom Patienten zum Kunden

Im folgenden Abschnitt stehen die Patienten von Krankenhäusern im Mittelpunkt, wobei der Patient unterschiedliche Rollen einnehmen kann. Als Gast wird er für die Dauer seiner Behandlung im Krankenhaus untergebracht und erhält die erforderliche Verpflegung. Im Hinblick auf seine Erkrankung wird der Patient aus der Sicht des Leistungserbringers bisweilen auch als Organ oder Befund angesehen. In der Rolle des Partners soll er selbst einen Beitrag zu seiner Genesung bzw. zur Besserung seines Gesundheitszustandes leisten. Da das Krankenhaus für die Leistungserbringung – unabhängig von ihrem Erfolg – ein Entgelt erhält, stellt der Patient zudem auch einen Kunden dar (Haeske-Seeberg 2008). Die Kundendimension im Verhältnis zwischen Krankenhaus und Patient kommt u. a. dadurch zustande, dass Krankenhausleistungen einen hohen Dienstleistungscharakter aufweisen (Papenhoff und Platzköster 2010). Dieser Dienstleistungscharakter stellt eine Besonderheit der Krankenhausversorgung dar und ist eng mit der Immaterialität des Dienstleistungsergebnisses verbunden. Hinzu kommen die Nichttransportfähigkeit und die

---

[10] Böhnisch et al. (1999), zit. aus Braun von Reinersdorff (2007), S. 201.

[11] Braun (2000), zit. aus Braun von Reinersdorff (2007), S. 162.

[12] Dullinger (1996), zit. aus Braun von Reinersdorff (2007), S. 203.

Nichtlagerfähigkeit von Dienstleistungen, sodass diese nur zu dem Zeitpunkt in Anspruch genommen werden können, an dem sie produziert werden. Dieser zeitliche Zusammenfall von Dienstleistungserstellung und -konsumption wird auch als Uno-Actu-Prinzip bezeichnet (Heinrich 2011).

Ist also im weiteren Verlauf von Kunden die Rede, so sind damit neben den anderen Anspruchsgruppen vor allem die Patienten eines Krankenhauses gemeint.

Kunden sind allgemein definiert als tatsächliche oder potenzielle Nachfrager auf Märkten, die sowohl Einzelpersonen als auch Institutionen sein können. Als Schlüsselkunden werden diejenigen bezeichnet, die für ein Unternehmen z. B. aufgrund ihres Kaufvolumens eine besonders große Bedeutung haben.[13]

Die Beziehung zwischen Patient und Arzt bzw. Krankenhaus unterscheidet sich jedoch in einigen Punkten vom typischen Käufer-Verkäufer-Verhältnis und wird daher als asymmetrisch bezeichnet. Aufgrund seines fehlenden medizinischen Wissens kann der Patient ohne seinen Arzt weder eine Entscheidung über die erforderliche Behandlung treffen, noch kann er die medizinischen und pflegerischen Leistungen, die er im Verlauf seiner Behandlung erhält, qualitativ beurteilen. Dieses Informationsgefälle zwischen Arzt und Patient kann letzterer lediglich mit der Unterstützung von medizinischen Informationscentern, spezieller Literatur, Ranking-Listen oder ärztlicher Beratung versuchen auszugleichen. In Folge der neuen Informationsmöglichkeiten – z. B. über das Internet – und dem veränderten Verhalten vieler Patienten nimmt die eben beschriebene Informations-asymmetrie jedoch immer weiter ab. Diese Entwicklung führt bei den Patienten einerseits zu einem geringeren Vertrauen in Ärzte und Krankenhäuser und andererseits zu einer stärkeren Anspruchshaltung gegenüber Gesundheitseinrichtungen. Krankenhäuser sehen sich daher zunehmend gezwungen ihre Aktivitäten stärker an ihren Patienten auszurichten und ihn in den Mittelpunkt der Managementaktivitäten zu rücken (Braun von Reinersdorff 2007).

## 2.2  Kundenmanagement und Kundenorientierung

Hinsichtlich des Kundenmanagements stehen steuernde und koordinierende Aufgaben, die sich mit dem Auf- und Ausbau von Kundenverhältnissen befassen, im Mittelpunkt. Die wichtigsten Aufgaben des Kundenmanagements sind hierbei die Kundenakquisition, die Kundenbindung und die Kundenrückgewinnung.[14]

---

[13] http://wirtschaftslexikon.gabler.de/Archiv/2623/kunde-v7.html.

[14] Bruhn (2001), zit. aus Busse et al. (2010), S. 164.

Die erste Phase in diesem Kundenbeziehungslebenszyklus dient dazu, eine Beziehung zwischen dem Patienten und dem Krankenhaus aufzubauen. Innerhalb dieser Phase werden wiederum die Anbahnungs- und die Sozialisationsphase unterschieden. Die Anbahnungs-phase ist von der Informationssuche des Patienten und der Informations-bereitstellung durch das Krankenhaus geprägt, während in der Sozialisationsphase seitens des Patienten bereits erste Erfahrungen mit der Leistungserstellung sowie weitere Informationen gesammelt werden. Für das Krankenhaus bedeutet diese Phase zunächst einmal die Entstehung von Kosten.[15] Die Kundenbindungsphase – und damit zweite Phase im Kundenbeziehungslebenszyklus – besteht aus der Wachstums- und der Reifephase. Das Ziel der Wachstumsphase ist es, den Kunden zu einer möglichst hohen Leistungsnutzung zu bewegen. Dieses Niveau soll in der anschließenden Reifephase dann gehalten bzw. wenn möglich noch gesteigert werden. Wenn eine Situation eintritt, in der der Kunde die Leistungen des Krankenhauses in Frage stellt, so kann dies als Gefährdungsphase bezeichnet werden. Sie ist die erste Stufe in der Rückgewinnungsphase und ist gefolgt von der Auflösungsphase und der Abstinenzphase. In der Auflösungsphase entscheidet sich der Patient z. B. dafür, keine Leistungen des entsprechenden Krankenhauses mehr in Anspruch zu nehmen. Behält er dieses Verhalten bei, so ist er dem Krankenhaus abstinent und befindet sich daher in der sogenannten Abstinenzphase. Eine Wiederaufnahme der Beziehung kann daraufhin entweder durch Rückgewinnungsmaßnahmen des Krankenhauses oder durch eine Meinungsänderung des Kunden eintreten. Selbstverständlich ist dieser Verlauf der Kundenbeziehungen in der eben beschrieben Form idealisiert dargestellt und kann in der Realität Abweichungen aufweisen; so sind die Barrieren für einen Krankenhauswechsel im Allgemeinen höher als in anderen Dienstleistungsbereichen (Busse et al. 2010). Die Art und Weise, wie Krankenhäuser in den verschiedenen Phasen des Kundenbeziehungslebenszyklus agieren, wird im folgenden Abschnitt dargestellt.

In der Phase der Kundenakquisition kommt es in erster Linie darauf an, einen Kontakt zum Kunden herzustellen und ihn davon zu überzeugen, mit dem Krankenhaus in Beziehung zu treten. Das wohl wichtigste Element ist dabei die Kommunikation, die in unterschiedlicher Form angewendet werden kann. Laut Tscheulin und Helmig zählen zu den Instrumenten des Kommunikations-Mix „die klassische Werbung, die Werbung mit Neuen Medien, die Verkaufsförderung, die Öffentlichkeitsarbeit, Messen und Events sowie das Sponsoring."[16] Darüber hinaus können auch Qualitätsberichte als Marketinginstrument angewendet werden.

---

[15] Reinartz et al. (2005), zit. aus Busse et al. (2010), S. 164.

[16] Tscheulin und Helmig 2000a, 2001, zit. aus Busse et al. (2010), S. 168.

Zur klassischen Werbung gehört z. B. die Kommunikation über gedruckte Medien, den Hörfunk oder das Fernsehen, wobei die Krankenhauswerbung trotz allmählicher Lockerung noch immer zahlreichen gesetzlichen Einschränkungen unterliegt. Die Werbung mit Neuen Medien basiert auf computergestützter Technologie und ist für Krankenhäuser vor allem in Bezug auf das Internet relevant. Somit können sich neben Patienten auch andere Kundengruppen eigenständig die jeweils benötigten Informationen beschaffen – wie etwa mit Hilfe der Krankenhauswebsite. Zur Verkaufsförderung zählen Aktionen, die zeitlich begrenzt sind, andere Marketingmaßnahmen ergänzen und letztlich die Bettenauslastung des Krankenhauses steigern sollen. Eine konkrete Maßnahme der Verkaufsförderung stellt beispielsweise der Einsatz von Informationsbroschüren dar.

Um die Beziehung und das Vertrauen zwischen Krankenhaus und verschiedenen Teilöffentlichkeiten (z. B. Patienten, einweisende Ärzte, Krankenkassen) zu gestalten und zu stärken, kann Öffentlichkeitsarbeit, auch Public Relations (PR) genannt, eingesetzt werden. Die PR kann sich dabei auf Leistungsmerkmale des Krankenhauses beziehen (z. B. ein neues medizinisches Gerät), auf das ganze Unternehmen ausgerichtet sein (z. B. durch die Veröffentlichung des Jahresabschlussberichts) oder sich an der Gesellschaft orientieren (z. B. Interview eines Chefarztes). Besonders im Hinblick auf die Imagebildung eines Krankenhauses stellt die Öffentlichkeitsarbeit eine wichtige Maßnahme dar, da vor allem die Mund-zu-Mund-Kommunikation im Moment als Hauptinformationsinstrument gilt. Messen und Fachkongresse bieten – ebenso wie ein 'Tag der offenen Tür' oder ein Event – die Möglichkeit, über direkte Kommunikation einen persönlichen Kontakt zu interessierten Zielgruppen herzustellen und Kunden anzusprechen. Die Förderung von Organisationen oder Einzelpersonen (z. B. im Bereich Sport) mit finanziellen Mitteln, Sach- oder Dienstleistungen kann die Bekanntheit eines Krankenhauses steigern und somit zum Erreichen seiner Marketing- und Kommunikationsziele beitragen. Laut SGB V sind Leistungserbringer in der stationären Versorgung zur Veröffentlichung eines Qualitätsberichtes verpflichtet. Dieser ist jedoch nicht bloß ein notwendiges Übel, sondern kann sowohl für Patienten, als auch für Vertragsärzte und Krankenkassen eine wichtige Informations-, Orientierungs- und Entscheidungshilfe hinsichtlich der Krankenhausbehandlung und der Weiterbetreuung darstellen. Zudem bietet es Krankenhäusern die Chance, ihren Leistungen nach außen hin Transparenz zu verleihen (Busse et al. 2010). Die Förderung der Transparenz, Verständlichkeit und Präzision von Qualitätsberichten ist im aktuellen Koalitionsvertrag zwischen CDU, CSU und SPD verankert. Darüber hinaus wird der Gemeinsame Bundesausschuss beauftragt, in seinen Vorgaben die Aussagekraft und Verständlichkeit der Qualitätsberichte der Krankenhäuser zu verbessern und Aspekte der Patientensicherheit sowie Ergebnisse von Patientenbefragungen zu integrieren. Hierfür soll vom Qualitätsinstitut eine online einsehbare Vergleichsliste erstellt werden, mit der die Vielzahl von Zertifikaten bewertet und eingeordnet werden kann.[17]

Ist die Phase der Kundenakquisition abgeschlossen, gilt es den neu gewonnenen Kunden dauerhaft an das Krankenhaus zu binden. Dabei ist zu beachten, dass es nicht bei allen Kunden eines Krankenhauses lohnenswert ist, eine Beziehung zu ihnen aufrecht zu erhalten, sodass sich die Kundenbindungsmaßnahmen lediglich auf profitable Kunden konzentrieren sollten. Aus Sicht der Kunden gibt es zwei Ursachen dafür, sich an ein Krankenhaus zu binden: Die Gebundenheit und die Verbundenheit. So kann ein Krankenhaus Wechselbarrieren errichten (z. B. Nachsorgetermin nach stationärem Aufenthalt), die beim Kunden zu Gebundenheit führen. Im Falle der Verbundenheit hingegen führt z. B. Kundenzufriedenheit zu einer freiwilligen Bindung an das Krankenhaus.

Im Bereich der Kundenzufriedenheit hat insbesondere die Zufriedenheit der Patienten Bedeutung, da sie ein wichtiger Faktor für das Image eines Krankenhauses ist. Negative Mund-zu-Mund-Kommunikation kann zu einem Imageverlust führen, der wiederum eine sinkende Bettenauslastung und demzufolge finanzielle Einbußen bedeuten kann. Die Patientenzufriedenheit ist jedoch nicht nur vor dem Hintergrund des Krankenhausimages wichtig, sondern ist auch ein wichtiger Indikator hinsichtlich der Krankenhausqualität, da Patienten die Qualität der Leistungserstellung – in der Regel ohne fundiertes medizinisches Wissen – allein aufgrund ihrer subjektiven Erfahrung beurteilen. Treten trotz aller Bemühungen dennoch Probleme oder Unzufriedenheit auf, sollte das Krankenhaus Maßnahmen zur Kundenrückgewinnung einleiten. In der oben bereits beschriebenen Gefährdungsphase kann der unzufriedene Kunde ggf. durch die Korrektur des aufgetretenen Fehlers oder, falls möglich, durch eine Wiedergutmachung zurückgewonnen werden. Da medizinische und pflegerische Leistungen meist nicht direkt korrigiert werden können und der Preis für die erbrachte Leistung nicht reduziert werden kann, ist die Wiedergutmachung eines Fehlers nicht einfach. Dennoch sollte nach einer persönlichen Entschuldigung der Fehler schnellstmöglich aufgeklärt und das Vertrauen des Kunden mit Hilfe von Offenheit und Transparenz zurückgewonnen werden. Generell kann die Wiedergutmachung von Fehlern auf Leistungsebene (z. B. Anbieten von Ersatzleistungen), auf Kommunikationsebene (z. B. Entschuldigung, ggf. in Kombination mit einem kleinen Geschenk) und eventuell auf der Preisebene (nur sehr eingeschränkt möglich) erfolgen. Kunden, die sich in der Abstinenzphase befinden, kann – falls es sich als ökonomisch sinnvoll erweist – ein Angebot zur Rückgewinnung unterbreitet werden. Befindet sich

---

[17] https://www.cdu.de/sites/default/files/media/dokumente/koalitionsvertrag.pdf.

der unzufriedene Kunde noch in der Auflösungsphase, so kann möglicherweise ein persönliches Gespräch (z. B. das Entlassungsgespräch des Patienten) oder das Einleiten qualitätssteigernder Maßnahmen das Vertrauen zum Krankenhaus wieder stärken (Busse et al. 2010). Es geht also vor allem darum, „die Kunden von der aktuellen Beseitigung der Gründe zu überzeugen und sie für eine erneute Beziehung zum Krankenhaus zu gewinnen (Busse et al. 2010, S. 174)." Der Bereich von Behandlungsfehlern und Schlechtleistung bei Krankenhausdienstleistungen ist jedoch aus juristischer Sicht eine Gratwanderung. Zwar müssen Schäden infolge von Behandlungsfehlern im Krankenhaus entschädigt werden, jedoch ist es am Patienten, einen ärztlichen Behandlungsfehler nachzuweisen.[18] Das am 26. Februar 2013 in Kraft getretene Patientenrechtegesetz soll die Rolle des mündigen Patienten stärken und seine Rechte z. B. im Fall eines Behandlungsfehlers stärken.[19] Das neue Gesetz soll zudem für mehr Offenheit und Transparenz sorgen. Sind also für den Behandelnden Umstände erkennbar, die die Annahme eines Behandlungsfehlers begründen, muss der Patient auf Nachfrage oder zur Abwehr gesundheitlicher Gefahren darüber informiert werden. Somit dürfen die Tatsachen vom Behandelnden in keinem Fall unzutreffend dargelegt oder verschwiegen werden, wenn die Patientin oder der Patient konkret nach einem Behandlungsfehler fragt.[20] Trotz der neuen Regelungen ist der Prozess hin zu einer offenen Fehlerkultur jedoch noch lange nicht abgeschlossen.

### 2.2.1  Kundenorientierung

Neben dem eben beschriebenen Kundenbeziehungslebenszyklus ist auch das in Abb. 2.3 dargestellte ‚Denken in der Erfolgskette' ein wichtiger Bestandteil bei der Betrachtung des (ökonomischen) Erfolgs eines Krankenhauses.

Im Zusammenhang mit dem ökonomischen Erfolg eines Krankenhauses steht insbesondere auch die Kundenorientierung. Nach Bruhn ist sie definiert als die

umfassende, kontinuierliche Ermittlung und Analyse individueller Kundenerwartungen sowie deren interne und externe Umsetzung in unternehmerischen Leistungen mit dem Ziel, stabile und ökonomisch vorteilhafte Kundenbeziehungen zu etablieren.[21]

---

[18] http://www.aok.de/bundesweit/gesundheit/patientenrechte-behandlungsfehler-beratung-10552.php.

[19] http://www.bmg.bund.de/praevention/patientenrechte/patientenrechtegesetz.html.

[20] http://www.bmg.bund.de/praevention/patientenrechte/behandlungsfehler.html.

[21] Bruhn 2006, 2007, zit. aus Ose (2011), S. 27.

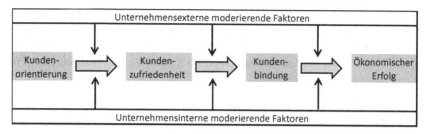

**Abb. 2.3** Denken in der Erfolgskette. (eigene Darstellung, vgl. Bruhn 2001, 2007, zit. aus Ose 2011, S. 29)

Dabei bedeutet Kundenorientierung zum einen die im Krankenhaus erbrachten Dienstleistungen nicht nur ‚einfach' zu erbringen, sondern den Kunden im Rahmen des Dienstleistungsprozesses zufrieden zu stellen. Zum anderen ist es entscheidend, dass der Krankenhauskunde die Leistung bekommt, die er braucht und möchte und dabei nicht als bloßer Verbraucher, sondern als Mensch gesehen wird. Zuletzt sollte die Kundenzufriedenheit seitens des Krankenhauses stets gemessen und geplant werden (Haeske-Seeberg 2008).

Oberstes Ziel der Kundenorientierung, die einerseits durch die Kundenzufriedenheit und andererseits anhand der Weiterempfehlungsrate gemessen werden kann, ist somit das Erfüllen der individuellen Kundenwünsche.[22] Für die Umsetzung dieses Ziels ist es für das entsprechende Unternehmen – in diesem Fall das Krankenhaus – nötig, unterschiedliche Steuerungselemente der Kundenorientierung anzuwenden.[23] Zu diesen Steuerungselementen zählen u. a. Qualitätsmanagement, Kundenbindungsmanagement, Beschwerdemanagement und ein integriertes Kommunikationsmanagement. Besondere Bedeutung kommt dabei der Kommunikation zu, da vor allem über den Dialog mit dem Kunden Ziele wie Kundenzufriedenheit, Vertrauen und Kundenbindung erreicht werden können. Für eine erfolgreiche Interaktion mit dem Kunden müssen in erster Linie dessen individuellen Informations- und Kommunikationsbedürfnisse berücksichtigt werden (Ose 2011).

### 2.2.1.1 Beschwerdemanagement

Um die Kundenorientierung eines Krankenhauses offen zu zeigen und in die Öffentlichkeit zu tragen, eignet sich u. a. ein gut funktionierendes Beschwer-

---

[22] Mattmüller 2006; Kotler und Bliemel 2006; Bruhn 2007, zit. aus Ose 2011, S. 30.
[23] Bruhn 2006, zit. aus Ose (2011), S. 30.

demanagement. Dabei geht es nicht nur darum, auftretende Beschwerden und Unzufriedenheit zu beheben, sondern auch darum, die entstandenen Probleme als Chance für Verbesserungen zu nutzen. Somit kann das Beschwerdemanagement auch als Teil der Qualitätssicherung verstanden werden und sollte in den Krankenhausalltag integriert sein (Busse et al. 2010).

## 2.2.1.2 Qualitätsmanagement

Laut der Amerikanischen Vereinigung für Qualitätskontrolle ist Qualität „die Gesamtheit von Eigenschaften und Merkmalen eines Produkts oder einer Dienstleistung, die dazu beitragen, dass geäußerte oder unterstellte Bedürfnisse befriedigt werden können (Papenhoff und Platzköster 2010, S. 85)". Seit dem Jahr 1989 ist gesetzlich geregelt, dass Einrichtungen im Gesundheitswesen zur Einführung qualitätssichernder Maßnahmen verpflichtet sind. Die entsprechenden Regelungen sind im SGB V verankert und unterlagen seit ihren Anfängen im Rahmen der Reformen im Gesundheitswesen bereits einigen Veränderungen (Haeske-Seeberg 2008). Qualitätsmanagement ist Bestandteil unterschiedlicher Elemente der medizinischen Versorgung. Beispiele hierfür sind die Überwachung medizinischer Studien im Bereich der Grundlagenforschung, die Qualitätssicherung klinischer Studien bei der Anwendung von neuem medizinischem Wissen sowie die Überwachung der Entwicklung und Implementierung neuer Richtlinien, Standards und Leitlinien. Zentraler Gegenstand des Qualitätsmanagements ist hier jedoch die Überprüfung der alltäglich stattfindenden Gesundheitsversorgung. Qualitätsmanagement soll dabei für Krankenhäuser nicht nur eine zu erfüllende Pflicht sein, sondern kann auch Möglichkeiten bieten, den Erwartungen von Kunden und Mitarbeitern besser gerecht zu werden. In Anbetracht der gesellschaftlichen Entwicklungen und der aktuellen Situation im Gesundheitswesen bringt ein effizientes Qualitätsmanagement die Chance mit sich, der Ressourcenknappheit des Gesundheitswesens entgegenzuwirken. Einige Handlungsfelder, die einen Bezug zum Qualitätsmanagement aufweisen, sind etwa:

- evidenzbasierte Medizin
- Leitlinien, Richtlinien, Standards
- externer Qualitätsvergleich, Benchmarking
- Patientenempowerment
- Organisationsentwicklung, Qualitätsmanagement
- Akkreditierung, Zertifizierung

Neben der – einzigen offiziellen – Qualitätszertifizierung nach DIN EN ISO (z. B. 9001:2000) sind das EFQM-Modell der der ‚European Foundation for Quality Management'[24] oder das KTQ-Modell der ‚Kooperation für Transparenz und Qualität im Gesundheitswesen'[25] in Krankenhäusern zu finden.

Allerdings weist die Qualitätssicherung in der Medizin auch Grenzen auf (Haeske-Seeberg 2008). Laut Arnold (1992) sind die Gründe dafür die Einmaligkeit des Patienten, die Grenzen einer Standardisierung und die Grenzen einer Evaluation der Wirkung von Medikamenten und Ärzten. Da das Qualitätsmanagement eng mit der Kundenorientierung verknüpft ist, werden im weiteren Verlauf verschiedene Möglichkeiten zur Stärkung der Kunden- und Patientenorientierung von Krankenhäusern dargestellt.[26]

## 2.2.2 Patientenorientierung

Im Bereich der Gesundheitsökonomie und der Gesundheitspolitik werden die Begriffe ‚Kundenorientierung' und ‚Patientenorientierung' häufig gleichgesetzt. Im Gegensatz dazu fordern Patientenvertreter im Zusammenhang mit Patientenorientierung die Stärkung der Autonomie und Souveränität von Patienten. Aus Sicht der Pflege sollen Patienten in den Mittelpunkt von Betreuung und Therapie gerückt werden.[27] Als weitere Bestandteile der Patientenorientierung gelten die Einbeziehung und Beteiligung[28] sowie die Berücksichtigung der Selbstbestimmung von Patienten.[29]

Parallel zu den Entwicklungen und Veränderung des Gesundheitswesens der letzten Jahrzehnte und der damit verbundenen Entstehung der Patientenorientierung etablierte sich diese im Laufe der Zeit auch in der stationären Versorgung. Es kristallisierten sich vor allem hinsichtlich der Pflege die Bestrebungen heraus, Patienten mehr am Behandlungsgeschehen zu beteiligen, psychosoziale Aspekte stärker zu berücksichtigen, die ganzheitliche Sicht auf den Patienten zu stärken und den Patienten bei der Krankheitsbewältigung zu unterstützen. Dabei sind insbesondere bei Pflegekräften soziale und kommunikative Aspekte von Bedeutung.[30] Jedoch bezieht sich Patientenorientierung im Krankenhaus nicht nur auf die Pflege, sondern

---

[24] http://www.efqm.org/.

[25] http://www.ktq.de/.

[26] Arnold 1992, zit. aus Haeske-Seeberg (2008), S. 53.

[27] Beier 2003, zit. aus Ose (2011), S. 35.

[28] Keil 2004, zit. aus Ose (2011), S. 36.

[29] Kranich 2007, zit. aus Ose (2011), S. 36.

[30] Schaeffer 2001, zit. aus Ose (2011), S. 36.

hat vor dem Hintergrund der Krankenhausorganisation das Ziel, dem Patienten eine aktive Teilnahme am Behandlungsprozess zu ermöglichen und seine Bedürfnisse stärker zu berücksichtigen.[31] Zudem sollen Patienten über das angestrebte Behandlungsziel sowie den geplanten Ablauf des Versorgungsprozesses besser informiert werden.[32]

Mehr Souveränität seitens des Patienten soll im Gesundheitssystem marktwirtschaftliche Mechanismen stärken, sodass aufgrund der erhöhten Selbstbestimmung des Patienten und seines flexibleren Nachfrageverhaltens von Krankenhausleistungen Leistung und Effizienz gesteigert und die Kosten reduziert werden können. Des Weiteren schreiten die Veränderungen des Patientenklientel durch den informationstechnologischen Fortschritt wie beispielsweise die Nutzung sozialer Netzwerke im Internet weiter voran. Wie stark Patienten und Krankenhäuser in Zukunft miteinander vernetzt sind, wird u. a. von der Verankerung integrierter Technologien im Gesundheitssystem abhängen. Besonders im Hinblick auf die Patientensouveränität stellt die stärkere Vernetzung von Patient und Krankenhaus ein lohnendes Ziel dar, weil dadurch sowohl die Informationstransparenz für den Patienten als auch die Chancen zur direkteren Patientenkommunikation und -bindung für Krankenhäuser erhöht wird (Fischer und Sibbel 2011).

Hinsichtlich der Umsetzung der Ziele einer erhöhten Kunden- und Patientenorientierung sowie eines erhöhten Informations- und Kommunikationsaustausches zwischen Patienten und Krankenhäusern gibt es zahlreiche Möglichkeiten, die nun näher betrachtet werden.

## 2.3    Ausgewählte Strategien der Kundenorientierung

### 2.3.1    Marketing in Krankenhäusern

Bei einer Befragung von Krankenhäusern durch die rotthaus GmbH im Rahmen des ‚Trendmonitor Klinikmarketing 2010 bis 2012‘ gaben 58 % der befragten Häuser an, dass sie ihre Marketing-Aufwendungen weiter steigern wollen, z. T. sogar um mehr als 25 % pro Jahr. Zudem gehen 92 % der befragten Krankenhäuser davon aus, dass die Bedeutung von Marketing in den kommenden Jahren zunehmen bzw. stark

---

[31] Schott 1993, zit. aus Ose (2011), S. 38.
[32] Eichhorn 1993, zit. aus Ose (2011), S. 39.

zunehmen wird.[33] Die Faktoren für diese Einstellung sind, wie bereits teilweise in vorigen Abschnitten erläutert, folgende:

- der verschärfte Wettbewerb zwischen Krankenhäusern
- die oftmals schwierige finanzielle Situation
- das selektive Kontrahieren, in dessen Zusammenhang Verträge zwischen Krankenhäusern und Kostenträgern geschlossen werden
- die zunehmende Bedeutung nicht-medizinischer Serviceleistungen in Krankenhäusern
- der Trend, die Grenzen zwischen Kostenträgern und Leistungserbringern aufzulösen und gemeinsame Strukturen bzw. Kooperationen zu schaffen (Papenhoff und Platzköster 2010).

Zusätzlich tragen die wachsenden Ansprüche der immer besser informierten Patienten zu der Situation bei. Für die Informationsgewinnung über Krankheiten, Behandlungsoptionen oder aktuelle Nachrichten aus dem Gesundheitswesen nutzen heute viele Menschen das Internet. Auch bei der Auswahl der Kliniken und Gesundheitsdienstleister bietet das Internet in Form von Klinik-Suchverzeichnissen oder Bewertungsportalen Auskunft. Patienten können sich zudem über die Leistungen und den Service von Krankenhäusern informieren, sie miteinander vergleichen und selbst Kliniken empfehlen und bewerten. Schramm betont:

> Der offene und oftmals anonyme Austausch zwischen Patienten beeinflusst die Entscheidung für oder gegen eine bestimmte Klinik. Nicht zuletzt dieser Trend führt dazu, dass Patienten als selbstbewusste Kunden auftreten, die hohe Erwartungen an Medizin- und Gesundheitsleistungen stellen (Schramm 2013, S. 3).

Angesichts der Marktsituation und der mündigen, gut informierten Patienten scheint es für Krankenhäuser also tatsächlich sinnvoll zu sein, Marketing zu betreiben (Schramm 2013).

Der Deutsche Marketing-Verband definiert Marketing wie folgt:

> Marketing im Sinne einer marktorientierten Unternehmensführung kennzeichnet die Ausrichtung aller relevanten Unternehmensaktivitäten auf die Wünsche und Bedürfnisse der Anspruchsgruppen.[34]

Allgemein kann man sagen, dass es die Aufgabe des Marketing ist, die Nachfrage nach aktuellen und zukünftigen Angeboten eines Unternehmens zu erfassen

---

[33] Klinikmarketing-Kongress 2011, www.rotthaus.com.

[34] http://www.marketingverband.de/deutscher-marketing-verband/wir-ueber-uns.

und positiv zu beeinflussen. Dabei ist es wichtig, verschiedene Perspektiven mit einzubeziehen. Im Falle eines Krankenhauses sind dies der Markt – also das Zusammentreffen von Angebot und Nachfrage –,[35] die Kunden und das Krankenhaus selbst. Hinsichtlich des Marktes müssen mit Hilfe des Marketing relevante Märkte und die dazugehörigen Zielgruppen definiert, begleitet, ausgeweitet, angepasst und abgegrenzt werden. Zudem sollte in Bezug auf den Markt eine Analyse der Größe des eigenen Anteils sowie von Potentialen und Trends erfolgen. Marketing hat außerdem die Aufgabe, die eigene Position wie auch die Position von Wettbewerbern innerhalb eines Marktes festzustellen und auf Basis der erlangten Erkenntnisse die zukünftigen Aktivitäten zu planen. Für die Gewährleistung der Qualität und der Zufriedenheit der verschiedenen Anspruchsgruppen müssen deren Bedürfnisse mit den vom Krankenhaus erbrachten Leistungen verglichen werden. Es ist ebenfalls die Aufgabe des Marketing, neue oder noch nicht berücksichtigte Bedürfnisse der Anspruchsgruppen zu ermitteln. Aus Sicht des Krankenhauses müssen aktuelle und zukünftige Marketingmaßnahmen konzeptioniert, die Ziele des Marketing intern abgestimmt und die Unternehmenskommunikation analysiert werden. Neben den Aufgaben des Marketing sind auch seine Kernelemente, die sogenannten ‚4 P' – Product, Price, Placement und Promotion – von Bedeutung. Im Fall eines Krankenhauses steht anstelle des Produkts die Dienstleistung. Zwar ist in der stationären Versorgung der Großteil der Preise für medizinische Leistungen festgelegt, jedoch kann ein Krankenhaus durch Service- oder Wahlleistungen zumindest einen Teil der Preise selbst gestalten. Im Zusammenhang mit dem dritten ‚P' haben Krankenhäuser bezüglich der Distribution ihrer Leistungen die Möglichkeit, diese nach außen hin zu repräsentieren oder Kooperationen mit anderen Leistungserbringern einzugehen. Die Promotion umfasst alle Maßnahmen, die den Kunden über das eigene Produkt informieren, dazu gehört also beispielsweise die klassische Werbung. Es sei noch einmal darauf hingewiesen, dass es sich im Rahmen des Krankenhaus-Marketing um ein Dienstleistungs-Marketing handelt, sodass die Serviceaktivitäten im Krankenhaus das eigentliche Produkt darstellen.

Obwohl viele Krankenhäuser die Bedeutung des Marketing durchaus erkennen, findet es bislang vor allem in medizinischen Bereichen mit hoher Eigenbeteiligung der Patienten Anwendung (z. B. ästhetische Medizin und individuelle Gesundheitsleistungen). Gründe dafür sind zum einen Vorurteile gegenüber Marketingmaßnahmen und zum anderen rechtliche Einschränkungen, die für den medizinischen Bereich gelten. Diese Regelungen sind in verschiedenen Gesetzen festgelegt. Die Musterberufsordnung für Ärzte legt die Grundsätze für sachliche berufsbezogene Informationen und damit das Führen von Zusatz-bezeichnungen

---

[35] http://wirtschaftslexikon.gabler.de/Archiv/4487/markt-v12.html.

und Tätigkeitsschwerpunkten fest. Das Heilmittelwerbegesetz hat die Hauptaufgabe, Regeln für jede Art von Medizinwerbung festzulegen, z. B. die Bedingungen für Zuwendungen und Werbegaben. Das Telemediengesetz enthält beispielsweise Regelungen zum Datenschutz oder zum Impressum von Internetseiten. Das Gesetz gegen unlauteren Wettbewerb überwacht das Verhältnis der Wettbewerber untereinander und beinhaltet Wettbewerbsbeschränkungen z. B. bezüglich irreführender Werbung. Sind eventuelle Vorurteile gegenüber dem Krankenhausmarketing beseitigt und werden die rechtlichen Vorschriften eingehalten, gibt es zahlreiche Möglichkeiten für Krankenhäuser, Marketing zu betreiben. Eine Hauptaufgabe ist dabei stets, mit den verschiedenen Anspruchsgruppen eines Krankenhauses zu kommunizieren und den Kontakt zu ihnen zu pflegen (Papenhoff und Platzköster 2010). Ein Bestandteil davon ist die Pressearbeit, die in erster Linie dazu dient, Neuigkeiten des Krankenhauses publik zu machen. Mit Hilfe von Pressemitteilungen kann beispielsweise die lokale Tagespresse über Geschehnisse im Krankenhaus informiert werden, die dann auf diesem Weg an die Öffentlichkeit gelangen (Schramm 2013). Neben Printmedien wie Fach- und Tageszeitungen können auch das Internet, der Rundfunk sowie persönliche Auftritte im Rahmen von Veranstaltungen (z. B. ein ,Tag der offenen Tür', Fachseminare oder Patienteninformationsveranstaltungen), Seminaren oder im Fernsehen genutzt werden. Nicht zu vergessen sind auch Patienteninformationen, die in Form von Broschüren Patienten und Angehörige mit Informationen über das Krankenhaus und den dortigen Aufenthalt versorgen (Papenhoff und Platzköster 2010).

## 2.3.2 Online-Marketing im Gesundheitswesen

Über das klassische Marketing hinaus dehnen sich die Maßnahmen inzwischen auch auf den Online-Bereich aus. Immer mehr Menschen nutzen das Internet, um Informationen zu den Themen Gesundheit und Medizin zu finden. Weil sich Marketing-Maßnahmen an den Bedürfnissen und Wünschen der Kunden orientieren sollen, ist es für Krankenhäuser daher sinnvoll, auch das Online-Marketing mit einzubeziehen. Auf diese Weise kann gezielt mit der – immer größer werdenden – Zielgruppe der Internetnutzer kommuniziert werden (Schramm 2013).

### 2.3.2.1 Das Web 2.0 im Gesundheitssektor
Bestätigt wird dies von den Ergebnissen der ARD/ZDF-Onlinestudie 2013, welche die Internetentwicklung in Deutschland untersuchte und herausfand, dass im Frühjahr 2013 77,2 % der deutschsprechenden Erwachsenen online waren, was hochgerechnet 54,2 Mio. Personen (ab 14 Jahren) entspricht.

Die Zahl der Internetnutzer in Deutschland wächst nur noch moderat, so stieg der Anteil der Internetnutzer von 75,9 % (2012) auf 77,2 %, was einen Zuwachs von 0,8 Mio. neuen Onlinern innerhalb eines Jahres bedeutet. Dieser geht vor allem von den ab 60-Jährigen aus, von denen aktuell 42,9 % im Netz aktiv sind. Hinsichtlich der Internetnutzung verbringt jeder Onliner täglich im Durchschnitt 169 min im Netz und damit 36 min mehr als im Vorjahr (133 min.). Bezogen auf eine Woche nutzen deutsche Onliner durchschnittlich an 5,8 Tagen das Internet. Der insgesamt gestiegene Internetkonsum ist vor allem auf eine vermehrte Nutzung mit mobilen Endgeräten – auch von unterwegs – zurückzuführen. Befragte, die mobile Geräte verwenden, sind häufiger und länger im Netz als Personen, die nicht über Smartphones, Tablets, MP3-Player oder E-Book-Reader ins Internet gehen (Van Eimeren und Frees 2013).

Das Internet ist heute somit ein wichtiger Bestandteil des täglichen Lebens.[36] Deshalb ist es nicht überraschend, dass das Internet sowie andere neue Technologien auch den Gesundheitssektor beeinflussen. Patienten nutzen inzwischen häufig Suchmaschinen, um Informationen zu Gesundheitsthemen zu bekommen. Bei Google beispielsweise haben sogar fünf Prozent aller Suchanfragen einen Bezug zum Thema Gesundheit.[37] In den zahlreichen Blogs und Foren im Internet können Patienten ihre Meinung kundtun und ihren Gefühlen Ausdruck verleihen.[38] Zudem entsteht durch das Medium Internet die Chance für eine bessere Kommunikation und einen stärkeren Informationsaustausch zwischen Patienten und medizinischem Fachpersonal. Allgemein wird die Nutzung von Internet und Web-Technologien im Zusammenhang mit dem Gesundheitssektor als ‚eHealth' bezeichnet.[39] Ein weiterer Begriff in diesem Kontext ist ‚Web 2.0', der von Hansen als „a term which refers to improved communication and collaboration between people via social networking" definiert wurde.[40] Der größte Unterschied zum einseitig gerichteten Internet der ersten Generation sind die besseren Möglichkeiten für Interaktion, weil Internetnutzer nun auch selbst Informationen und Inhalte verbreiten können. Diese nutzergenerierten Inhalte sind beispielsweise auf Plattformen wie YouTube, Facebook oder Twitter zu finden. Terry fand heraus, dass Twitter sogar die Kommunikation und den Informationsaustausch zwischen medizinischem Fachpersonal verbessern kann.[41] Werden eHealth und Web 2.0 miteinander kombi-

---

[36] Oh, Rizo, Enkin & Jadad 2005, zit. aus Van De Belt et al. (2010).

[37] Eysenbach und Köhler 2004, zit. aus Van De Belt et al. (2010).

[38] Randeree 2009, zit. aus Van De Belt et al. (2010).

[39] Oh et al. 2005, zit. aus Van De Belt et al. (2010).

[40] Hansen 2008, zit. aus Van De Belt et al. (2010).

[41] Terry 2009, zit. aus Van De Belt et al. (2010).

niert, so entsteht daraus ein weiterer, zunehmend verbreiteter Begriff: ‚Health 2.0'.[42]
Health 2.0 darf also nicht mit eHealth gleichgesetzt werden, da es im Gegensatz zu
eHealth, das sich mehr auf Technik wie medizinische Monitoring-Systeme und
elektronische Patientenakten bezieht, vor allem auf Kommunikation und soziale
Interaktion fokussiert (Wirth 2010).

Eine genaue Definition von Health 2.0 existiert bislang zwar noch nicht, es
stehen jedoch vor allem die Themengebiete Web 2.0, Patienten, medizinisches
Fachpersonal, soziale Netzwerke, Inhalte und Informationen zu Gesundheitsthemen, Zusammenarbeit sowie Veränderungen im Gesundheitswesen eng damit in
Verbindung (Van De Belt et al. 2010).

Als Merkmale von Health-2.0-Anwendungen gelten insbesondere folgende:

- webbasierte Software, die nicht auf lokalen Rechnern ausgeführt wird und einen
  Bezug zu Gesundheitsthemen aufweist
- die Möglichkeit, Dienste im Internet unabhängig vom Endgerät zu nutzen
- Webdienste mit leistungsstarken und benutzerfreundlichen Oberflächen
- eine stärkere Verbindung zwischen Patienten, Ärzten und anderen Gesundheitsdienstleistern
- die Verwendung und Vernetzung einfacher Web-Service-Komponenten.

Die Technologien von Health 2.0 finden sowohl in sozialen Netzwerken mit Gesundheitsthemen, als auch in Such- und Bewertungsportalen für Ärzte und Kliniken
sowie im erhöhten Daten- und Informationsaustausch zwischen Patienten, Ärzten
und anderen Gesundheitsdienstleistern Anwendung (Holderried 2011). Infolge
dessen verändert sich das Verhältnis der Patienten zu anderen Gruppen wie Ärzten,
Krankenversicherungen oder der Pharmaindustrie zunehmend, was sich wiederum
auf Kommunikation, Therapie und Versorgung im Gesundheitswesen auswirken
wird (Wirth 2010). Dass Health-2.0-Anwendungen mehr und mehr akzeptiert
werden, beweisen die stetig steigenden Nutzerzahlen, was letztlich eine stärkere
Einbindung der Patienten in den ärztlichen und pflegerischen Behandlungsprozess
und die verbesserte sektorenübergreifenden Kommunikation im Gesundheitswesen nach sich zieht (Holderried 2011). Besonderer Beliebtheit hinsichtlich der
digitalen Kommunikationskultur erfreuen sich sogenannte Patientennetzwerke,
zumal Themen wie Gesundheit, Krankheit und Wellness vor dem Hintergrund
des demographischen Wandels immer wichtiger werden. Patienten beginnen sich
aktiv um ihre Gesundheit zu kümmern und nutzen das Internet, um sich mit

---

[42] Hughes und Joshi 2008, zit. aus Van De Belt et al. (2010).

anderen auszutauschen oder mit Fachpersonen oder Selbsthilfegruppen in Kontakt zu treten. Die verschiedenen Kommunikationsmöglichkeiten umfassen Blogs wie ‚www.e-patients.net‘, Patienten-Communities, Wissensdatenbanken, Kommunikationsportale zum Austausch mit Ärzten bzw. von Ärzten untereinander sowie allgemeine oder themenspezifische Gesundheitsportale. Bei all diesen Anwendungen sind die Qualität der Internetseiten im Gesundheitsbereich wie auch die Zuverlässigkeit der kommunizierten Inhalte selbstverständlich von großer Bedeutung. Die Nichtregierungsorganisation ‚Health On the Net (HON)‘ vergibt ein Qualitätssiegel für vertrauenswürdige Seiten und übernimmt somit z. T. die Qualitätssicherung im Internet. In welchem Ausmaß Health 2.0 den Gesundheitssektor verändern wird, hängt also u. a. von dessen Qualität ab. Ist diese gewährleistet, dann kann Health 2.0 eine höhere Qualität der medizinischen Versorgung, eine Reduzierung der Kosten, die bessere Verfügbarkeit von Gesundheitsdienstleistungen und mehr Effizienz bewirken (Wirth 2010).

### 2.3.2.2  Krankenhauswebsites

Inmitten der beinahe unzähligen Möglichkeiten, die das Internet bietet, ist eine eigene Webpräsenz ein zentrales Element des Online-Marketing, welches inzwischen fast jedes Krankenhaus anwendet. Meist werden auf der Website die eigene Einrichtung, die medizinische Leistungsfähigkeit sowie Kontaktmöglichkeiten vorgestellt. Zwar scheint dies auf den ersten Blick leicht umzusetzen, so gibt es dennoch einige Dinge, die im Rahmen einer Krankenhaus-Website zu beachten sind (Papenhoff und Platzköster 2010).

Bevor die eigene Website überhaupt mit Inhalten gefüllt werden kann, muss zunächst die Auswahl einer geeigneten Internetadresse erfolgen. Hierbei ist es sinnvoll, Namen und Ort des Krankenhauses zu integrieren und dabei auch mehrere Varianten (z. B. mit und ohne Bindestrich) zu reservieren, um sich vor der Konkurrenz zu schützen. Des Weiteren darf die Adresse keine Alleinstellungsbehauptungen (z. B. ‚www.das-beste-krankenhaus-bayerns.de‘) enthalten. Auch die einzelnen Unterseiten sollten individuelle, an den Inhalt angepasste Titel und URLs (‚Uniform Resource Locator‘, die komplette Webadresse einer Einzelseite) aufweisen. Als nächstes muss seitens des Krankenhauses geklärt werden, wer die Website erstellen und weiterhin betreuen soll. Wenn genügend Ressourcen vorhanden sind, kann ein Mitarbeiter des Krankenhauses diese Aufgaben übernehmen. Alternativ dazu kann auch eine Agentur beauftragt werden, sich ganz oder z. T. um die Seite zu kümmern. Der Aufbau der Website kann klassisch in HTML (‚Hypertext Markup Language‘, Programmiersprache) oder aber mit einem modernen ‚Content-Management-System‘ (CMS) erfolgen. Dabei ist letzteres zu empfehlen, weil regelmäßige Anpassungen von Texten, Bildern und Grafiken leichter durchführbar sind. Bilder und Grafiken sollten jedoch nur gezielt eigesetzt werden. Sie bieten z. B. die Möglichkeit, den Besuchern anhand von Bildern der Behandlungsräume, der Zimmer, der aktuellen Mitarbeiter oder anhand Fotos und Videos aus dem Krankenhausalltag das Krankenhaus visuell näher zu bringen.

Nach Klärung dieser Rahmenbedingungen ist auch im weiteren Verlauf, also zunächst bei der Erstellung der Website, einiges zu beachten. Bezüglich des Aufbaus und der Gestaltung ist es wichtig, dass die Website übersichtlich ist und intuitiv navigiert werden kann (Papenhoff und Platzköster 2010). Allgemein gilt, dass die Nutzer der Website im Idealfall mit nur drei Klicks zu der Information gelangen können, nach der sie suchen und dabei zu jedem Zeitpunkt wissen, an welcher Stelle der Website sie sich befinden. Zur besseren Orientierung auf der Website wird am besten eine Sitemap in diese integriert. Die Sitemap ist in der Haupt-Navigationsleiste oder Fußzeile platziert, gliedert die Seite und listet alle Unterpunkte genau auf. Somit können die Nutzer mit nur einem Klick von einer zur anderen Unterseite gelangen. Neben einem Such-Tool auf der Startseite sollte außerdem ein ‚FAQ'-Tool ein Bestandteil der Website sein, welches eine Erklärung für häufig gestellte Fragen (‚Frequently Asked Questions') bietet. Zusätzlich kann eine Hilfe-Funktion den Besuchern z. B. die Nutzung des Kontaktformulars erklären (Schramm 2013).

Generell sollten die Ladezeiten der Seite möglichst kurz sein und bei den verwendeten Links und Email-Adressen ist darauf zu achten, dass diese zuverlässig funktionieren. Die Inhalte müssen stets aktuell sein und mit allen gängigen Webbrowsern korrekt angezeigt werden. Um auch Menschen mit Behinderung das Nutzen der Website zu ermöglichen, sollte diese barrierefrei sein (z. B. mit Hilfe veränderbarer Schriftgrößen). Darüber hinaus sollten Websites für nichtdeutschsprachige Kunden zugänglich gemacht werden, indem die Möglichkeit geschaffen wird die Sprache zu verändern (Papenhoff und Platzköster 2010). Mittels sogenannter responsiver Designs passen sich Websites selbstständig dem Bildschirm des jeweiligen Endgerätes an, auf dem sie aufgerufen werden – egal ob PC, Tablet oder Smartphone (Schramm 2013).

Inhaltlich müssen den Nutzern allgemeine Informationen wie Kontaktdaten, Telefonnummern, Anfahrtswege, Parkplatzmöglichkeiten, öffentliche Verkehrsmittel sowie Namen verantwortlicher Personen zur Verfügung gestellt und regelmäßig aktualisiert werden. Über eine Rubrik ‚Veranstaltungen und Aktuelles' gibt man den Besuchern der Website die Möglichkeit, sich über das aktuelle Geschehen im Krankenhaus zu informieren. Um die wichtigsten Informationen und Dokumente für die Nutzer leicht zugänglich zu machen, ist es hilfreich, einen Downloadbereich in die Website zu integrieren (Papenhoff und Platzköster 2010).

Ein weiterer Service für Website-Nutzer ist die Verknüpfung mit einem Kartendienst wie ‚Google-Maps‘. Eine Integration dieses Tools in eine Website ist bis zu einer Schwelle von 25.000 Seitenabrufen pro Tag (Stand 2012) kostenlos und kann helfen, den Standort des Krankenhauses auf der Karte nachzuvollziehen (Schramm 2013).

Für Patienten und Angehörige sind nähere Informationen zum Krankenhausaufenthalt (z. B. über Aufnahme und Entlassung, Regelungen für Besuche, Sprechzeiten und Wahlleistungen) besonders wichtig und sollten in jedem Fall auf der Website zu finden sein. Zudem sollte das Krankenhaus seine medizinischen Abteilungen, Leistungen im Pflegebereich, Behandlungs- und Heilverfahren sowie seine Therapieformen sachlich richtig und laienverständlich darstellen (Papenhoff und Platzköster 2010). Einen besonderen Service für Krankenhauspatienten stellt die Online-Terminvergabe dar. Über ein Terminvergabesystem auf der Website können sich Patienten im Internet, per Email, über das Kontaktformular oder auch anhand eines Kalenders für einen Termin anmelden (Schramm 2013).

Neben Patienten und Angehörigen gibt es selbstverständlich auch viele andere Anspruchsgruppen wie Mitarbeiter, Bewerber und Personen aus der Öffentlichkeit, welche die Seite besuchen. Ärzten und anderem medizinischen Fachpersonal können über die Patienteninformationen hinaus beispielsweise medizinische Fachbeiträge, Veröffentlichungen von Klinikmitarbeitern oder auch Forschungsergebnisse zur Verfügung gestellt werden (Papenhoff und Platzköster 2010).

Für Nutzer, die sich regelmäßig über Neuigkeiten des Krankenhauses informieren wollen, bieten sich Newsletter oder sogenannte RSS Feeds an. RSS bedeutet ‚Really Simple Syndication‘ und heißt übersetzt so viel wie ‚wirklich einfache Verbreitung‘. Mit Hilfe dieses Tools können die Meldungen dann über einen Feed-Reader oder den Internetbrowser gelesen werden. Im Gegensatz zu einem Newsletter müssen sich die Nutzer nicht mit Namen oder Email-Adresse anmelden, sondern lediglich einen Button auf der Website anklicken oder in ihre Lesezeichenleiste ziehen, um regelmäßig neue Informationen zu erhalten. Voraussetzung dafür ist natürlich, dass die Website regelmäßig aktualisiert und mit wechselnden Inhalten gefüllt wird. Um mit den Besuchern offen kommunizieren zu können, kann ein Gästebuch in die Website integriert werden. Hierbei ist jedoch zu beachten, dass Dank-, Anerkennungs- oder Empfehlungsschreiben von Patienten möglicherweise gegen das Heilmittelwerbegesetz verstoßen, da Werbung mit der Meinung Dritter nicht erlaubt ist. Zudem muss eventuell auftretende Kritik professionell gehandhabt werden. Die im Gästebuch veröffentlichten Beiträge müssen also regelmäßig kontrolliert und z. B. bei darin enthaltenen Fragen von Mitarbeitern des Krankenhauses kommentiert werden. Alternativ zum Gästebuch kann auch eine Kommentarfunktion auf jeder Unterseite der Website eingebunden werden. Auf diesem Weg kann der Besucher entweder kommentieren oder bei auftretenden Fragen unter Angabe seiner Email-Adresse Kontakt zum Krankenhaus aufnehmen. Zuletzt gibt es noch einige Vorschriften und Pflichtangaben für eine Website. Dazu gehören ein Impressum inkl. Haftungsausschluss, eine Datenschutzerklärung, die Einhaltung der Gesetze in Bezug auf Werbemaßnahmen sowie die Berücksichtigung von Urheberrechten (z. B. bei Bildern) (Schramm 2013). Die Website als Ausgangspunkt jeglicher Online-Kommunikation kann zudem direkt mit dem Bereich Social Media verknüpft werden, besonders wenn Inhalte in sozialen Netzwerken einen Bezug zur Website aufweisen oder Themen aufgreifen, die auf der Krankenhausseite noch ausführlicher beschrieben werden (Bitkom 2012). Somit erscheint es sinnvoll, die Website mit Hilfe sogenannter ‚Social Media Plugins' kostenlos mit sozialen Netzwerken zu verbinden.[43]

### 2.3.2.3 Nutzung sozialer Netzwerke

Soziale Netzwerke sind heute allgegenwärtig, doch was sind diese ‚Social Networks' eigentlich genau? Im Wesentlichen sind es Internetportale, auf denen die Nutzer ein eigenes Profil anlegen und mit anderen kommunizieren können. Dieses Profil enthält meist Informationen über den Nutzer (z. B. Foto, Name, Wohnort) und steht je nach Sicherheitseinstellung für andere Nutzer mehr oder weniger öffentlich zur Verfügung (Schramm 2013).

„Deutsche Kliniken nutzen zwar das Internet, soziale Netzwerke aber bislang kaum mehr als halbherzig (Wirth 2010, S. 70)." Zu diesem Ergebnis kam man auf dem ‚Hauptstadtkongress 2010 Medizin und Gesundheit'. Auch PR- und Marketing-Abteilungen sind bei weitem noch nicht in allen Krankenhäusern fest verankert. Die Tatsache, dass es sich bei Patienten um Kunden handelt, die zukünftig stärker als bisher umworben werden müssen, wird deutschen Krankenhäusern jedoch immer mehr bewusst (Wirth 2010). Soziale Netzwerke sind heute ein fester Bestandteil des Internets. Im Jahr 2012 waren in Deutschland 74 % der Internetnutzer bei mindestens einem sozialen Netzwerk angemeldet. Besonders Internetnutzer unter 30 Jahren sind mit 92 % in sozialen Netzwerken besonders aktiv, aber auch aus der Gruppe der 30- bis 49-Jährigen sind knapp 75 % in den Netzwerken aktiv. Bei den über 50-jährigen nimmt die Nutzung zwar ab, dennoch ist noch etwa jeder Zweite in einem sozialen Netzwerk angemeldet. Betrachtet man das Ranking der 20 meistbesuchten Websites in Deutschland, fällt auf, dass sich darunter sieben Social-Media-Plattformen befinden.[44] Zudem verbringen Internetnutzer in

---

[43] http://www.plugins.de/was-sind-plugins/social-media-plugins/.

[44] Alexa: Top Sites in Germany (http://www.alexa.com/topsites/countries/DE), zit. aus Bitkom, 2012, S. 7.

Deutschland nahezu ein Viertel ihrer Online-Zeit in sozialen Netzwerken, was deren große Bedeutung noch deutlicher macht.[45] Aus diesem Grund scheint es die logische Konsequenz zu sein, dass knapp 50 % der Unternehmen in Deutschland Social Media einsetzen und bei weiteren 15 % die Nutzung bereits in Planung ist.

Da sich Social-Media-Aktivitäten auch im Rahmen von Marketingmaßnahmen eignen, setzen laut einer Studie von Bitkom 71 % der deutschen Unternehmen Social-Media-Marketing ein.[46] Mit Hilfe sozialer Netzwerke können Marketingziele wie die Steigerung der Besucherzahlen auf der Website, die Optimierung der Suchmaschinenergebnisse oder auch die Verbesserung des Unternehmens-Images (Online-Reputation) erreicht werden. Zudem kann der Einsatz sozialer Netzwerke die Reichweite von Empfehlungsmarketing z. B. durch einen Tweet bei Twitter, einen Post oder einen Klick auf den ‚Gefällt mir'-Button bei Facebook vergrößern, da im Idealfall eine Vielzahl von Fans oder Followern die Aktivitäten verfolgt. Im Bereich Service und Support können Social-Media-Aktivitäten u. a. die Kundenzufriedenheit erhöhen und damit die Kundenbindung verstärken.

Es kommt jedoch nicht nur darauf an, soziale Netzwerke in irgendeiner Form zu nutzen, sondern die Aktivitäten genau zu planen und gezielt einzusetzen. Um die Möglichkeiten sozialer Netzwerke auszuschöpfen und keine schwerwiegenden Fehler zu machen, ist die Festlegung einer Social-Media-Strategie eine Grundvoraussetzung für alle weiteren Aktivitäten im Social Web (Bitkom 2012). Zudem muss sich das jeweilige Unternehmen – in diesem Fall also das Krankenhaus – darüber im Klaren sein, welche konkreten Ziele es mit dem Einsatz sozialer Netzwerke erreichen möchte, welche Zielgruppen angesprochen werden sollen und wo im Social Web bereits welche Inhalte über das Krankenhaus existieren. Die Wahl der richtigen Plattformen hängt also davon ab, wo sich die relevanten Zielgruppen aufhalten, denn es kann nur dann ein Dialog zwischen dem Krankenhaus und seinen Kunden entstehen, wenn auf den Social-Media-Kanälen kommuniziert wird, auf denen sich die Kunden tatsächlich aufhalten. Darüber hinaus wird die Auswahl der Internetplattformen auch von Art der zu kommunizierenden Inhalte mitbestimmt.

Grundsätzlich ist es für eine erfolgreiche Unternehmenskommunikation wichtig, dass die kommunizierten Inhalte authentisch sind und für die Nutzer einen Mehrwert darstellen. Dies gilt in verstärktem Maß für die Inhalte im Rahmen sozialer Netzwerke, da es angesichts der Konkurrenz mit vielen anderen Akteuren eine besondere Herausforderung ist, die Aufmerksamkeit von Nutzern zu erlan-

---

[45] Bitkom: Internetnutzer verbringen meiste Zeit in sozialen Netzwerken (http://www.bitkom.org/de/presse/8477_71209.aspx), zit. aus Bitkom 2012, S. 7.

[46] Bitkom-Studie: Social Media in deutschen Unternehmen (http://www.bitkom.org/de/publikationen/38338_72124.aspx), zit. aus Bitkom 2012, S. 7.

gen. Allgemein sollten sich die Inhalte von Social-Media-Initiativen immer an Bedürfnissen der zu erreichenden Zielgruppen orientieren. Ausschlaggebend für die Entscheidung, ob ein Inhalt – z. B. ein Blog-Beitrag, ein YouTube-Video oder ein Facebook-Post – veröffentlicht werden soll, sind somit vor allem der Wert für die Nutzer sowie die eigenen Unternehmensziele.

Ist ein Krankenhaus im Social Web aktiv, so erfordet diese Kommunikation über soziale Medien zusätzliche personelle und finanzielle Ressourcen. Der Erfolg des Social-Media-Marketing hängt letztlich u. a. davon ab, ob Mitarbeiter eingesetzt werden, die speziell für das Social-Media-Engagement verantwortlich sind und die auch über entsprechende Qualifikationen und Kompetenzen verfügen. Eine weitere Möglichkeit besteht darin, das nötige Know How außerhalb des Krankenhauses einzukaufen. Wird auf den Einsatz entsprechend spezialisierten Personals verzichtet, fehlt dem Krankenhaus möglicherweise das nötige Expertenwissen über Zusammenhänge im Social Web. Bezüglich des finanziellen Aspekts ist anzumerken, dass Social-Media-Marketing trotz kostenloser Nutzung dennoch Kosten verursacht. Sowohl die Planung als auch die Durchführung erfordet Zeit und – ähnlich wie andere Marketingmaßnahmen – die Bereitstellung angemessener Ressourcen und Budgets. Für eine erfolgreiche Umsetzung müssen daher entweder neue Budgets bereitgestellt oder bereits bestehende Marketing-Mittel eingesetzt werden.

Nach einem – hoffentlich gelungenen – Start in die Welt der sozialen Netzwerke steht das Krankenhaus nun vor der Aufgabe, den Überblick über die Flut an Informationen und Inhalten im Internet zu bewahren. Dabei kann das sogenannte Social-Media-Monitoring in Form von speziellen Tools oder durch ein Monitoring-Unternehmen helfen (Bitkom 2012). Ziel ist es, die Online-Reputation, also den Ruf des Krankenhauses im Internet, bestmöglich zu schützen. Im Gegensatz zu den klassischen Medien kann die Reputation im Internet sehr schnell und einfach verändert werden. Dies liegt zum einen daran, dass praktisch jeder Internetnutzer, insbesondere über soziale Netzwerke, schnell und kostenlos Nachrichten verbreiten kann, die dann z. B. über Suchmaschinen über lange Zeit auffindbar bleiben. Zum anderen steigt die Anzahl an Kommunikationskanälen immer weiter, sodass immer mehr und neue Möglichkeiten entstehen, um Texte oder Nachrichten zu publizieren.

Zwar können Social-Media-Instrumente grundsätzlich zu Marketingzwecken verwendet werden, jedoch dürfen Krankenhäuser Äußerungen Dritter (z. B. Dankesschreiben, Anerkennungs- und Empfehlungsschreiben) nicht zu Werbezwecken einsetzen. Daher müssen Gästebücher auf Websites und die Pinnwand einer Facebook-Seite stets kontrolliert werden (Schramm 2013). Um den Überblick zu behalten, welche Inhalte im Internet über das Krankenhaus kursieren, ist ein gezieltes Monitoring nötig, das im Wesentlichen aus drei Phasen besteht: Die

Keyword- und Medien-Recherche dient dazu, herauszufinden, welche Termini und Internetseiten überwacht werden müssen, um einen effektiven Überblick über die Online-Reputation zu erhalten. Ein Beispiel dafür ist das Recherchetool ‚www.howsociable.com‘, eine Suchmaschine, die einen schnellen Überblick über die Erwähnung eines Keywords in Social-Media-Portalen oder beispielsweise bei Twitter gibt. Im zweiten Schritt erfolgt dann eine Bestandsaufnahme des Ist-Zustands, also welche Inhalte man tatsächlich finden kann und in welchem Licht das Krankenhaus dadurch dargestellt wird. Hierfür ‚googelt‘ man die im vorigen Schritt festgelegten Keywords und betrachtet mindestens die ersten 100 Suchergebnisse, um förderliche und kritische Ergebnisse zu identifizieren. Anhand eines automatisierten Monitorings wird zuletzt dann die konkrete Überwachung angewandt, mit der im weiteren Verlauf auftretende Veränderungen verzeichnet werden können. Ein einfaches und kostenloses Mittel, um Suchergebnisse bei Google dauerhaft zu überwachen ist Googles eigener Benachrichtigungsdienst ‚Google Alerts‘. Auch für die Überwachung sozialer Netzwerke gibt es, wie bereits erwähnt, Recherchetools, die z. T. auch Benachrichtigungsdienste anbieten, welche automatisch über Veränderungen im Netz informieren. Darüber hinaus gibt es Dienstleister, die das Reputationsmonitoring professionell betreiben und z.T. auch Maßnahmen zur Verbesserung der Online-Reputation durchführen. Falls in einem der zahlreichen sozialen Netzwerke dennoch negative Inhalte über ein Krankenhaus öffentlich werden, ist es entscheidend, offen auf Kritik zu reagieren. Zudem ist zu bedenken, dass auf Plattformen auch dann Kritik geübt werden kann, wenn das Krankenhaus dort selbst gar nicht aktiv ist. Daher ist es wichtig, in den verschiedenen Netzwerken präsent zu sein, um ggf. schnell auf Krisen reagieren zu können (Schramm 2013).

Ob die Social-Media-Aktivitäten eines Krankenhauses tatsächlich erfolgreich sind, kann anhand verschiedener Kennzahlen gemessen werden. Dabei hängt die Auswahl und Zusammensetzung der Kennzahlen davon ab, welche konkrete Aktivität gemessen werden soll. Die Messung des Erfolgs kann sich dabei sowohl auf die Überwachung der eigenen Inhalte wie Facebook-Posts oder Tweets, als auch auf das Nutzer-Feedback auf die eigenen Aktivitäten beziehen (Bitkom 2012). Ist die Rede von Social Media, so denkt man häufig zuerst an soziale Netzwerke wie Facebook oder Twitter. Im Bereich des Social-Media-Marketing gibt es jedoch zahlreiche andere Seiten im Internet, die gerade für Krankenhäuser nicht unbedeutend sind. Als Beispiele sind Gesundheitsportale, Fachportale für Krankenhäuser und Online-Bewertungsportale zu nennen. Gesundheitsportale bieten den Nutzern Services wie Krankheits-, Symptom- und Medikamentenfinder sowie Möglichkeiten für die Arzt- und Kliniksuche (z.T. mit Bewertungen), aktuelle Gesundheitsnews und Foren, auf denen Patienten sich mit anderen austauschen können. In Expertenforen können Nutzer bezüglich verschiedener Themen und Krankheiten Fragen stellen, zu denen Mediziner dann unverbindlich Stellung nehmen. Fachportale für Krankenhäuser dienen einerseits zu Ausbau und Pflege von Kontakten unter Kollegen im Internet und sollen andererseits allen Ärzten die Möglichkeit bieten, schnell und ökonomisch an Fachinformationen zu gelangen. Online-Bewertungsportale basieren meist auf einer Datenbank mit Adressen von niedergelassenen Ärzten, Zahnärzten und Krankenhäusern, wobei es auch spezielle Klinikbewertungsportale gibt, wie z. B. ,medmonitor.de'. Nutzer können – in der Regel anonym – durch Eingabe ihrer Postleitzahl oder ihres Ortes und des Behandlungswunsches ein Krankenhaus suchen, vorhandene Bewertungen lesen oder selbst ihr Krankenhaus nach der Therapie beurteilen. Somit sollen mit Hilfe dieser Portale Patienten das für sie passende Krankenhaus noch besser finden (Schramm 2013). Im weiteren Verlauf soll nun speziell auf die sozialen Netzwerke Facebook, Twitter und YouTube eingegangen werden.

**Facebook**  Weltweit verzeichnet Facebook derzeit mehr als eine Milliarde Nutzer – davon etwa 26 Mio. in Deutschland.[47] Aufgrund dieser hohen Zahlen nutzen inzwischen Unternehmen aller Art Facebook zu Marketingzwecken. Am besten eignet sich hierfür die sogenannte ,Fanpage', auf der sich Facebook-Nutzer als ,Fans' registrieren können, indem sie den ,Gefällt-mir'-Button klicken. Diese Fans erhalten dann alle Informationen, die vom Betreiber der Fanpage an der ,Pinnwand' veröffentlicht werden, direkt auf ihre eigene Facebook-Seite. Aufgrund dieser Funktion entwickelte sich die Fanpage schnell zu einem nützlichen Werkzeug für die Kommunikation, bei dem gezielt diejenigen angesprochen werden, die sich tatsächlich für das Krankenhaus interessieren. Dennoch stehen Fanpages von Krankenhäusern im Vergleich zu anderen, vor allem großen Unternehmen, häufig noch am Anfang. Professionell und konsequent umgesetzt besteht durch Facebook für Krankenhäuser die Chance, ihre Leistungen und das Team auf Unterseiten zu präsentieren und regelmäßig Neuigkeiten und Tipps zu posten, sodass die Facebook-Seite zu einer direkten Verbindung zum Patienten wird. Darüber hinaus kann ein Krankenhaus mit einem guten Angebot an allgemeinen Informationen innerhalb einer Netzwerk-Community immer mehr Fans anziehen, die das Krankenhaus bislang vielleicht gar nicht kennen, aber seinen Facebook-Auftritt interessant finden. So kann Facebook neben der Website zu einer zweiten Internetpräsenz werden, auf der um Patienten geworben wird.

Hinsichtlich der Gestaltung der Facebook-Seite sind zwei Komponenten zu unterscheiden: Die Info-Seite und die Pinnwand. Noch vor der inhaltlichen Gestaltung sollte zunächst ein großes Titelbild als optisches Aushängeschild platziert werden.

---

[47] http://allfacebook.de/userdata/.

Hierfür eignen sich am besten professionelle Fotos, die einen entsprechend guten Eindruck vermitteln. Zusätzlich kann in ein dafür vorgesehenes Feld das Logo des Krankenhauses hochgeladen werden, welches alle Aktionen des Krankenhauses bei Facebook kennzeichnet. Auf der Info-Seite werden dann alle wichtigen allgemeinen Daten des Krankenhauses wie Adresse, Kontaktdaten, Fachabteilungen, Behandlungsschwerpunkte mit Beschreibungstexten dargestellt. Je ausführlicher diese Beschreibung erfolgt, desto leichter kann die Seite über Suchmaschinen wie Google gefunden werden. Zusätzlich können beispielsweise Bildergalerien ergänzt werden, um der Seite eine persönliche Note zu verleihen. Auf der Pinnwand können anhand von Posts, Links und Fotos alle Formen von Nachrichten, Gesundheitstipps und Statements veröffentlicht werden; diese bleiben dort langfristig erhalten. Alle Facebook-User, die Fans der Seite sind, werden automatisch über neue Posts informiert, die daraufhin kommentiert, weitergeschickt oder mit ‚Gefällt mir' markiert werden können, sodass sich das Netzwerk ständig erweitert und zu Kommunikation anregt. Bei allen Aktivitäten müssen Krankenhäuser jedoch stets auf den Schutz von Patientendaten achten. Bei den Inhalten der Facebook-Präsenz erscheint es sinnvoll, Werbebotschaften mit persönlichen Anekdoten und Vorlieben von Mitarbeitern, hilfreichen Gesundheitstipps, interessanten Kommentaren zu aktuellen Themen sowie Linkempfehlungen zu kombinieren. Da soziale Netzwerke so schnelllebig sind, dürfen die Einträge auf der Seite niemals veraltet sein – daher sollten pro Woche mindestens zwei bis drei neue Meldungen veröffentlicht werden. Falls auf der Fanpage von Nutzern Fragen gestellt werden, müssen diese zeitnah beantwortet werden. Auf eventuell auftretende Beschwerden müssen die Verantwortlichen des Krankenhauses schnell und freundlich reagieren (Schramm 2013).

• **Twitter** Twitter ist ein nützliches Informationsportal, bei dem jeder registrierte Nutzer Nachrichten mit einer maximalen Länge von 140 Zeichen, die sogenannten ‚Tweets', veröffentlichen kann. Diese Tweets werden direkt von jedem empfangen, der ein sogenannter ‚Follower' (ähnlich wie ein Fan bei Facebook) des Absenders der Nachricht ist. Aufgrund der Kürze der Nachrichten ist es möglich, permanent kleine Newspartikel an seine Follower zu schicken, weshalb Twitter auch als ‚Mikro-Blog' bezeichnet wird. Dieses Follower-System macht Twitter zu einem asymmetrischen Netzwerk, da nicht zwangsläufig alle, denen man selbst folgt, auch den eigenen Tweets folgen. Für jeden anderen Twitter-Nutzer ist sichtbar, wer dem eigenen Profil folgt und wessen Follower man selbst ist. Zwar ist die Anzahl der eigenen Follower inhaltlich nicht entscheidend, jedoch machen viele Follower einen guten ersten Eindruck. Grundsätzlich bietet Twitter die Möglichkeit, als ein auf die persönlichen Interessen zugeschnittener Kommunikationskanal professionell genutzt zu werden. Krankenhäuser können Twitter ähnlich wie die Facebook-Pinnwand verwenden, um kurze Nachrichten zu verbreiten. Es besteht sogar ein Zusammenhang zwischen den beiden Netzwerken, da Krankenhäuser mit den meisten Facebook-Fans auch die höchste Zahl an Followern bei Twitter aufweisen. Im Januar 2012 hatten etwa 160 deutsche Krankenhäuser einen Twitter-Account, der bislang vor allem als Ergänzung zur klassischen Pressearbeit genutzt wurde (Schramm 2013).

**YouTube**  „YouTube knackt Milliarden-Marke". Mit dieser Schlagzeile verkünde-te im März 2013 der ‚Stern' den weltweiten Rekord der Videoplattform YouTube: Erstmals besuchte innerhalb eines Monats über eine Milliarde Nutzer das Portal. Damit wird YouTube laut eigener Angaben von fast ebenso vielen Menschen – genauer gesagt von jedem zweiten Internet-Nutzer – besucht wie Facebook. Einen Grund für dieses Wachstum stellt u. a. der verstärkte Zugriff von mobilen Geräten wie Smartphones und Tablets aus dar.[48] Es ist daher nicht verwunderlich, dass You-Tube derzeit die Plattform mit der stärksten Reichweite für Videos ist (Schramm 2013). Die große Beliebtheit von Videoclips im Internet führt dazu, dass Werbung mit Kurzfilmen zur Steigerung der Bekanntheit eines Unternehmens immer wichtiger wird. Für Krankenhäuser ergibt sich die Möglichkeit, mit einem Imagefilm das Leistungsspektrum zu präsentieren und diesen mit Elementen wie einem Kommentator, Statements der Geschäftsführung, Kurzinterviews mit Chefärzten und Pflegepersonal oder mit passend unterlegter Musik zu ergänzen. Wie auch bei Fotos ist es sinnvoll, für das Erstellen eines Imagefilms professionelle Hilfe in Anspruch zu nehmen. Zusätzlich zum eben erwähnten Imagefilm können den Patienten auch Erklärungsfilme zur genaueren Information über bestimmte Untersuchungs- und Behandlungsmethoden zur Verfügung gestellt werden. Diese Videos sollten dann sowohl auf der eigenen Website, als auch auf YouTube veröffentlicht werden. Patienten und andere Interessierte können dann ganz einfach entweder bei YouTube selbst oder auch bei Google Stichworte eingeben und werden daraufhin automatisch zu den entsprechenden Videos weitergeleitet (Schramm 2013). Bei YouTube besteht zudem die Möglichkeit, einen eigenen ‚YouTube-Kanal' zu erstellen, auf dem auf einem eigenen Profil alle Videos des Krankenhauses gesammelt dargestellt werden. Dieser Kanal kann von jedem, der dauerhaft über die Aktivitäten des Krankenhauses bei YouTube auf dem Laufenden sein möchte, abonniert werden.

---

[48] http://www.stern.de/digital/online/nutzer-rekord-YouTube-knackt-milliarden-marke-1987092.html.

Abgesehen von den Kosten für die Erstellung eines Imagefilms oder ein Erklärungs-
video fallen bei der Nutzung von YouTube keine weiteren Kosten an. Beide Formen
von Videos sollten aufgrund des hohen Verbreitungsgrades, des hohen Nutzens für
die User und aufgrund des dadurch verbesserten Bekanntheitsgrads und Kompe-
tenzeindrucks ein fester Bestandteil im Online Marketing von Krankenhäusern sein
(Schramm 2013).

### 2.3.3  Kommunikation in Krankenhäusern

Neben dem bereits beschriebenen Online-Marketing gibt es eine weitere Form des
Marketing, welche eng mit Kommunikation verbunden ist: Das Dialog-Marketing.
Dialog wird als die mündliche oder schriftliche Kommunikation zwischen zwei
oder mehreren Beteiligten bezeichnet,[49] dabei ist der Dialog mit dem Kunden
ein wichtiges Element in der Unternehmensorganisation. Die Definition von
Dialog-Marketing umfasst die Qualität der Interaktionen mit dem Kunden und
sollte sich an dessen Erwartungen und Bedürfnissen orientieren.[50] Innerhalb
des Dialog-Marketing werden ‚Outbound-Marketing', also die Kommunikation
vom Unternehmen zum Kunden, und ‚Inbound-Marketing', die Kommunikation
vom Kunden zu Unternehmen, unterschieden.[51] Outbound-Marketing beinhaltet
Werbung mit Massenmedien wie Internet und Printmedien sowie das klassische
Direktmarketing z. B. mit Emails im Massenversand. Unter Inbound-Marketing
wird in der Regel die Kommunikation über Telefon, Email und Brief sowie die
Kommunikation im Rahmen von Social Media verstanden.[52] In Anlehnung an
das Inbound-Marketing werden Kontaktpunkte im Unternehmen als sogenannte
‚Inbound Centers', also spezielle, für die Kundeninteraktion zuständige Organi-
sationseinheiten, bezeichnet. Da der Begriff Inbound Center nicht sehr bekannt
ist, werden synonym auch die Begriffe Call Center, Contact Center oder Customer
Service Center, im deutschsprachigen Raum die Bezeichnungen Kundenkontakt-
zentrum, Beratungszentrum oder Dienstleistungszentrum verwendet. Häufiger
als in Krankenhäusern sind diese Kontaktcenter zwar in Krankenversicherungen
(Schagen 2012), jedoch besteht auch in Krankenhäusern der Trend zum Outsourcing von Verwaltungsstellen wie Poststelle und Telefonzentrale (Behrendt et al.
2009). Der Begriff Outsourcing beschreibt die „nachhaltige Nutzung externer

---

[49] Isaacs 2002, zit. aus Schagen (2012), S. 11.

[50] Belz 2003, zit. aus Schagen (2012), S. 11.

[51] Belz und Schagen 2011, zit. aus Schagen (2012), S. 12.

[52] Krumm und Geissler 2010, zit. aus Schagen (2012), S. 12.

Ressourcen", sodass bestimmte Aktivitäten nicht mehr vom Krankenhaus selbst durchgeführt, sondern an eine andere, darauf spezialisierte Institution vergeben werden.[53]

Leider ist es häufig der Fall, dass die Verständigung zwischen Unternehmen und Kunden wenig erfolgreich ist und das Potential dieser Kommunikation ungenutzt bleibt, obwohl der Moment der Kontaktaufnahme eines Kunden mit dem Unternehmen als ‚Moment der Wahrheit' bezeichnet werden kann, da er ein wesentlicher Bestandteil davon ist, wie der Kunde das Unternehmen – und insbesondere seine Kundenorientierung – erlebt.[54]

„Bei den allgemeinen Servicemaßnahmen spielt die Erreichbarkeit eine entscheidende Rolle. Hat ein Kunde ein Anliegen, möchte er dieses in der Regel in kürzester Zeit und ohne großen Aufwand geklärt wissen (Busse et al. 2010, S. 159)." Diese Aussage wurde zwar ebenfalls für Krankenkassen getroffen, sie gilt jedoch selbstverständlich in gleichem Maß auf Krankenhäuser. Auch in der stationären Versorgung ist es wichtig zu wissen, auf welchem Weg Kunden Kontakt aufnehmen wollen und wie die Erreichbarkeit des Krankenhauses verbessert werden kann (Busse et al. 2010). Als besonders negativ empfinden viele Kunden eine schlechte Erreichbarkeit, lange Reaktionszeiten, unqualifizierte Antworten sowie unpassende Leistungen. Zudem erweckt es bei Kunden einen schlechten Eindruck, wenn deren Anliegen und Verbesserungsvorschläge vom Krankenhaus nicht oder nur ungenügend umgesetzt werden.[55]

Dem Kunden möglichst viele Optionen zur Kontaktaufnahme zu bieten, ist ein entscheidendes Element in der Förderung der Kundenbindung. Besonders wichtig ist hierbei, dem Kunden den Service in erster Linie zu den Uhrzeiten zur Verfügung zu stellen, die seinen Wünschen entsprechen. Weitere Möglichkeiten für die Kontaktaufnahme sind Maßnahmen wie eine kostenlose Servicehotline (Spalink 2004), längere Öffnungszeiten von Servicestellen, eine erweiterte Erreichbarkeit über Callcenter oder einer Ergänzung des Services durch das Internet, sodass beinahe rund um die Uhr Informationen bereitgestellt und die Kundenbedürfnisse hinsichtlich der Erreichbarkeit erfüllt werden können (Busse et al. 2010).

Weil Kundenzufriedenheit auch in hohem Maß von den Erwartungen der Kunden abhängt, gilt es diese bestmöglich zu erfüllen. Die Erwartungen der Kunden sind je nach Art der Serviceleistung verschieden, so wird beispielsweise von einer Hotline Erreichbarkeit, Freundlichkeit und Kompetenz erwartet. Allgemein

---

[53] Nagengast 1997, zit. aus Behrendt et al. (2009), S. 40.

[54] Grönroos 1990, zit. aus Schagen (2012), S. 1.

[55] Oldroyd et al. 2011; Dixon et al. 2010; Markey et al 2009; Kalyanam und Zweben 2006; Feinberg et al. 2000, zit. aus Schagen (2012), S. 1.

beurteilen Kunden Kontakt- oder Servicestellen in erster Linie nach ihrer Erreichbarkeit, Reaktionszeit und Kommunikation, wobei die daraus resultierende Dienstleistungsqualität wiederum die Kundenzufriedenheit beeinflusst.[56]

Es geht jedoch nicht allein um Servicequalität, sondern auch darum eine persönliche Beziehung zwischen Kunden und dem Unternehmen herzustellen. Dies ist ein Grund dafür, dass Unternehmen im Allgemeinen und Krankenhäuser im Speziellen immer mehr Möglichkeiten zur Kontaktaufnahme anbieten und weiter ausbauen (Spalink 2004). Die Mitarbeiter des Krankenhauses, die im direkten Kundenkontakt stehen, beeinflussen diese persönliche Beziehung maßgeblich. Um den Kunden zufriedenzustellen ist es für die Mitarbeiter empfehlenswert, die Anliegen der Kunden zunächst genau zu erfassen und daraufhin qualifizierte und individuell angepasste Inhalte zu kommunizieren sowie den Kunden emotional zu unterstützen.[57]

Für die Messung der Kundenzufriedenheit gibt es einerseits klassische Kundenzufriedenheitsbefragungen, andererseits die relativ junge Methode der Testkundenbefragung, auch ‚Mystery Research' genannt. Mit Hilfe dieses Verfahrens kann die im Kundenkontakt erbrachte Servicequalität – und damit auch die Kundenorientierung – objektiv gemessen werden, während Kundenbefragungen subjektiv und damit anfälliger für Fehlinterpretationen sind. Aufgrund der zunehmenden Bedeutung der Dienstleistungsqualität im direkten Kundenkontakt eignet sich das Verfahren besonders zur objektiven Erfassung der Dienstleistungsqualität. Für die Untersuchung werden spezielle Tester eingesetzt, die dann in Form von vermeintlich ‚normalen' Kunden auftreten und die Qualität des Services beurteilen. Mystery Research, darunter auch Mystery Calls, kann innerhalb eines Unternehmens in unterschiedlichen Bereichen wie im Qualitätsmanagement oder im Marketing eingesetzt werden. Denn nur wer die Qualität der eigenen Dienstleistung kennt, kann erfolgreiches Qualitätsmanagement betreiben. Im Bereich der Personalentwicklung eines Unternehmens kann Mystery Research dazu beitragen, den Ist-Zustand zu ermitteln und in weiteren Schritten, z. B. durch Mitarbeiterschulungen oder Coachings, das Verhältnis der Mitarbeiter zu ihren Kunden zu verbessern. Im Idealfall führt die erhöhte Kundenorientierung dann zu mehr Kundenzufriedenheit und zu einer stärkeren Kundenbindung, was letztlich auch dem Unternehmen, also dem Krankenhaus, zu Gute kommt (Spalink 2004).

Als Beispiel für Mystery Tests kann eine Untersuchung unter 50 deutschen, besonders kundenorientierten, Dienstleistungsunternehmen genannt werden,[58] in

---

[56] Bell et al. 2005; Hennig-Thurau et al. 2002; Stauss und Neuhaus 1997; Spreng und Mackoy 1996; Anderson und Sullivan 1993, zit. aus Schagen (2012), S. 100.

[57] Rafaeli et al. 2008, zit. aus Schagen (2012), S. 35.

[58] Forthmann, 2010, zit. aus Schagen (2012), S. 49.

der die Erreichbarkeit über die Website, die Reaktionszeit für Eingangsbestätigungen und Bearbeitungen sowie der Kommunikationsstil gemessen wurden.[59]

Um die Beziehung zwischen dem Kunden und dem Unternehmen langfristig aufrecht zu erhalten, sind aktive Kunden und adäquate Reaktionen seitens des Unternehmens unerlässlich.[60] Zudem bedeuten erfolgreiche Interaktionen mit Kunden Wettbewerbsvorteile, was vor dem Hintergrund des verschärften Wettbewerbs insbesondere für Krankenhäuser von Bedeutung ist.[61]

### 2.3.3.1  Schriftliche Erreichbarkeit

Hinsichtlich der schriftlichen Erreichbarkeit werden zwei verschiedene Möglichkeiten der Kontaktaufnahme unterschieden: die Email und der klassische Brief.

Die Email-Kommunikation spielt in Krankenhäusern für die Kommunikation mit den Patienten eine zentrale Rolle. So können Emails im Rahmen der Patientenkommunikation z. B. für die Terminvereinbarung, für Termin-erinnerungen oder zum Versenden von Untersuchungsergebnissen, die kein persönliches Gespräch erfordern, genutzt werden. Emails sind kostengünstig, erreichen schnell den Empfänger und sind hinsichtlich der Bearbeitung zeitlich unabhängig. Diesen Vorteilen stehen jedoch auch Nachteile gegenüber. Die oftmals große Anzahl an Emails, die täglich im Posteingang landen, muss jeden Tag gesichtet, aussortiert und beantwortet werden, was einen hohen Zeitaufwand bedeuten kann. Zudem sollten beim Umgang mit Emails einige Regeln eingehalten werden. Die Betreffzeile soll dem Empfänger auf den ersten Blick verdeutlichen, um welches Thema es sich in der Email handelt und wie relevant die Nachricht ist. Der Inhalt selbst sollte möglichst kurz und übersichtlich sein, er darf jedoch – besonders wenn der Empfänger ein Patient ist – nie unhöflich wirken. Am Ende der Nachricht sollte eine Signatur mit Kontaktinformationen platziert werden. Besonders in der Patienten-Kommunikation muss der Absender darauf achten, welche Personen Zugriff auf den Email-Account des Empfängers haben könnten (z. B. Kollegen im Fall einer Firmen-Adresse). Vertrauliche Informationen wie etwa Untersuchungsergebnisse dürfen keinesfalls in fremde Hände geraten und sollten vom Krankenhaus am besten in einem persönlichen Gespräch oder aber per Telefon oder Post übermittelt werden. Im Idealfall sollte jede Email innerhalb von 24 h beantwortet werden; falls dies nicht möglich ist, sollte zumindest der Erhalt der Nachricht bestätigt und ein ungefährer Zeitraum bis zur Beantwortung bekannt gegeben werden (Schramm 2013).

---

[59] Bubmann und Klüh, 2008, zit. aus Schagen (2012), S. 49.

[60] Srinivasan et al. 2002, zit. aus Schagen (2012), S. 40.

[61] Grönroos 2011; Rayport und Jaworski 2005, zit. aus Schagen (2012), S. 40.

Obwohl ein großer Teil der Kommunikationsaktivitäten inzwischen über Emails oder auch das Telefon abgewickelt wird, dürfen klassische Kontaktwege wie Brief oder Fax nicht vernachlässigt werden, da es noch immer viele Kunden gibt, die gerne auf das bewährte Kommunikationsmittel ‚Brief' zurückgreifen. Mit Hilfe von Test-Briefen, die im Rahmen einer Mystery Research an Unternehmen geschickt werden, kann die Reaktionszeit und Qualität der Bearbeitung von Anfragen überprüft werden (Spalink 2004). In Bezug auf schriftliche Anfragen per Brief existieren bei Kunden z. T. konkrete Erwartungen an die Reaktionszeit. Bei einem Beschwerdebrief etwa – und dies dürfte auch für allgemeine Anfragen gelten – erwartet die Mehrheit der Kunden innerhalb von 6 Tagen eine Antwort. Es ist also ratsam die Beantwortung schriftlicher Anfragen so zu organisieren, dass Emails bestenfalls innerhalb 24 h, spätestens aber nach einer halben Woche und Briefe nach maximal einer Woche beantwortet sind (Schagen 2012).

### 2.3.3.2 Telefonische Erreichbarkeit

Die unter Umständen auftretenden Probleme von Krankenhäusern im Kontext von telefonischer Erreichbarkeit soll zunächst an einem Fallbeispiel verdeutlicht werden.

**Fallbeispiel: Ein Telefongespräch in der Klinik.**
Angehöriger: ‚Guten Tag, meine Mutter liegt bei Ihnen als Notfall auf der neurologischen Station, und ich hätte gerne den verantwortlichen Arzt gesprochen.'
Krankenhausmitarbeiter am Empfang: ‚Ja, Moment. Ich weiß auch nicht, wo der sein könnte. Ich verbinde Sie mal mit der Station, die wissen das vielleicht.'
– Warteschleife –
Stationsschwester (abgehetzt): ‚Der ist nicht da, ich weiß nicht, wo der ist. Der müsste eigentlich hier sein. Ich verbinde Sie mit dem Empfang.'
Angehöriger: ‚Der hat mich zu Ihnen vermittelt.'
Schwester: ‚Ja, trotzdem.'
Empfang: ‚Ja, wenn die das nicht wissen, der hat seinen Dienstfunk nicht dabei. Ich verbinde Sie mit der Station, die wissen das.'
Angehöriger (genervt): ‚Nein, die haben mich doch zurückverbunden.'
Empfang: ‚Trotzdem.'
Schwester: ‚Ich habe Ihnen doch vorhin schon gesagt, dass ich nicht weiß, wo der ist. Was glauben Sie, wie viel hier zu tun ist? Ich kann den jetzt nicht für sie suchen (Papenhoff und Platzköster 2010, S. 104)'.

Bei der Betrachtung eines solchen, leider alltäglichen, Telefonats wird nur allzu deutlich, welch verheerende Wirkung diese völlig missglückte Kommunikation auf Kunden – in diesem Fall Angehörige – haben kann. Ein derartiges Gespräch vermittelt Desorganisation, Ärztemangel, Überlastung des Pflegepersonals, Unfreundlichkeit, mangelndes Einfühlungsvermögen und ggf. auch Verängstigung/Verunsicherung des Anrufers, um nur ein paar mögliche Auswirkungen zu nennen (Papenhoff und Platzköster 2010).

Um solche Vorkommnisse zu vermeiden, gilt es gerade im Bereich der telefonischen Kommunikation einige Dinge zu berücksichtigen. Während eines Telefonats stehen die für die persönliche Kommunikation wichtigen körperlichen Signale (Mimik, Gestik, Körperhaltung) im Hintergrund, dagegen zählt hier vor allem das gesprochene Wort und die Betonung des Gesagten. Bei dem Anruf eines Patienten entscheidet sich in den ersten Sekunden, welchen Eindruck er vom Krankenhaus erhält. Um einen möglichst guten ersten Eindruck beim Anrufer zu hinterlassen, gibt es einige Grundregeln. Eine Zusammenfassung der wichtigsten Grundlagen ist in nachfolgender Übersicht wiederzufinden.

**Grundregeln des Telefonierens**
- keine langen Wartezeiten; das Telefon sollte nicht zu oft läuten
- möglichst kein Besetztzeichen; ggf. mehrere Leitungen freischalten
- alle benötigten Arbeitsmittel (z. B. Zettel, Stift) sollten für den Mitarbeiter in Reichweite sein
- Begrüßung darf nicht hektisch klingen
- volle Konzentration auf das Gespräch
- laut genug, langsam und deutlich sprechen
- auf die Stimmlage achten
- entspannte Sitzposition einnehmen
- die Worte ‚aber‘ und ‚nur‘ vermeiden
- den Namen des Anrufers zwischendurch wiederholen, und diesen direkt ansprechen
- Balance zwischen Sachlichkeit und Emotionalität
- aktiv zuhören, Verständnis zeigen
- Kundenwünsche wiederholen
- Grundfreundlichkeit auch bzw. vor allem bei schwierigen Patienten beibehalten
- bei Rückfragen etc. den Anrufer nie länger als 30 s warten lassen
- kann ein Telefonat nicht ungestört und ablenkungsfrei geführt werden, sollte es auf einen späteren Zeitpunkt verschoben werden
- es darf kein Patient abgewimmelt werden
- dem Patienten sollten immer mindestens zwei Möglichkeiten angeboten werden[62]

---

[62] Eigene Darstellung, vgl. Jordt und Weiland 2012.

Letztlich wird die Qualität eines Telefonats vor allem von der Zuverlässigkeit, der Empathie, dem Kundenwissen, dem Kundenfokus, den Wartezeiten und der Erreichbarkeit geprägt.[63] Zudem werden Qualität und Kundenzufriedenheit vom Kommunikationsstil und der Reaktionszeit maßgeblich beeinflusst.[64]

# Literatur

Allfacebook.de. http://allfacebook.de/userdata/. Zugegriffen: 9. Okt. 2013.

AOK. http://www.aok.de/bundesweit/gesundheit/patientenrechte-behandlungsfehler-beratung-10552.php. Zugegriffen: 13. Jan. 2014.

AOK Krankenhausreport. (2013). http://www.spiegel.de/gesundheit/diagnose/aok-krankenhausreport-zahl-der-wirbelsaeulen-ops-drastisch-gestiegen-a-871515.html. Zugegriffen: 9. Jan. 2014.

Behrendt, I., König, H.-J., & Krystek, U. (Hrsg.). (2009). *Zukunftsorientierter Wandel im Krankenhausmanagement. Outsourcing, IT-Nutzenpotenziale, Kooperationsformen, Changemanagement.* (1. Aufl.). Berlin: Springer-Verlag.

Braun von Reinersdorff, A. (2007). *Strategische Krankenhausführung. Vom Lean Management zum Balanced Hospital Management.* (2., unveränderte Aufl.). Bern: Verlag Hans Huber.

Bundesministerium für Gesundheit. http://www.bmg.bund.de/praevention/patientenrechte/behandlungsfehler.html. Zugegriffen: 13. Jan. 2014.

Bundesministerium für Gesundheit. http://www.bmg.bund.de/praevention/patientenrechte/patientenrechtegesetz.html. Zugegriffen: 13. Jan. 2014.

Bundesverband Informationswirtschaft, Telekommunikation und neue Medien e. V. (Hrsg.). (2012). *Bitkom Leitfaden Social Media.* [Elektronische Version]. (2., erweiterte Aufl.).

Busse, R., Schreyögg, J., & Tiemann, O. (2010). *Management im Gesundheitswesen.* [Elektronische Version]. (2. Aufl.) Berlin: Springer-Verlag.

Deutscher Marketing Verband. http://www.marketingverband.de/deutscher-marketing-verband/wir-ueber-uns.

European Foundation for Quality Management. http://www.efqm.org/. Zugegriffen: 2. Jan. 2014.

Fischer, A., & Sibbel, R. (Hrsg.). (2011). *Der Patient als Kunde und Konsument. Wie viel Patientensouveränität ist möglich?* [Elektronische Version]. (1. Aufl.). Wiesbaden: Gabler Verlag/Springer Fachmedien GmbH.

Haeske-Seeberg, H. (2008). *Handbuch Qualitätsmanagement im Krankenhaus: Strategien – Analysen – Konzepte.* (2., überarbeitete und erweiterte Aufl.). Stuttgart: W. Kohlhammer GmbH.

---

[63] Dun et al. 2011, zit. aus Schagen (2012), S. 34.

[64] Feinberg et al. 2000, zit. aus Schagen (2012), S. 34.

Haubrock, M., & Schär, W. (Hrsg.). (2002). *Betriebswirtschaft und Management im Krankenhaus*. (3., vollständig überarbeitete und erweiterte Aufl.). Bern: Verlag Hans Huber.

Heinrich, D. (2011). *Customer Relationship Management im Krankenhaus: Empirische Überprüfung eines Kundenwertmodells für niedergelassene Ärzte*. [Elektronische Version]. (1. Aufl.). Wiesbaden: Gabler Verlag/Springer Fachmedien.

Holderried, M. (2011). Health 2.0 als Klinik- und Praxismagnet. [Elektronische Version]. *Passion Chirurgie*. 1(10), Artikel 02_02.

Jordt, M., Girr, T., & Weiland, I.-K. (2012). *Erfolgreich IGeLn. Analyse, Organisation, Vermarktung*. [Elektronische Version]. (2., vollständig überarbeitete und aktualisierte Aufl.). Berlin: Springer-Verlag.

Klinikmarketing-Kongress (2011). www.rotthaus.com. Zugegriffen: 2. Okt. 2013.

Koalitionsvertrag zwischen CDU, CSU und SPD,18. Legislaturperiode. https://www.cdu.de/sites/default/files/media/dokumente/koalitionsvertrag.pdf. Zugegriffen: 07. Dez. 2013.

Kooperation für Transparenz und Qualität im Gesundheitswesen. http://www.ktq.de/n. Zugegriffen: 2.Jan. 2014.

Krankenhausfinanzierungsgesetz. (2009). http://www.g-drg.de/cms/Rechtsgrundlagen/Gesetze_und_Verordnungen/Krankenhausfinanzierungsgesetz_KHG. Zugegriffen: 4. Aug. 2013.

Nagel, E. (2013).*Das Gesundheitswesen in Deutschland. Struktur, Leistungen, Weiterentwicklung*. (5., vollständig überarbeitete und erweiterte Aufl.). Köln: Deutscher Ärzte-Verlag.

Ose, D. (2011). *Patientenorientierung im Krankenhaus. Welchen Beitrag kann ein Patienten-Informations-Zentrum leisten?* [Elektronische Version]. (1. Aufl.). Wiesbaden: VS Verlag für Sozialwissenschaften/Springer Fachmedien.

Papenhoff, M., & Platzköster, C. (2010). *Marketing für Krankenhäuser und Reha-Kliniken. Marktorientierung & Strategie, Analyse & Umsetzung, Trends & Chancen*. [Elektronische Version]. (1. Aufl.). Heidelberg: Springer Medizin Verlag.

Plugins.de. http://www.plugins.de/was-sind-plugins/social-media-plugins/. Zugegriffen: 8. Okt. 2013.

Salfeld, R., Hehner, S., & Wichels, R. (2009). *Modernes Krankenhausmanagement. Konzepte und Lösungen*. (2., aktualisierte und erweiterte Aufl.). Berlin: Springer-Verlag.

Schagen, A. (2012). *Zur Qualität von Inbound Centers im Marketing. Typen – Wirkungen – Implikationen*. [Elektronische Version]. (1. Aufl.). Wiesbaden: Springer Fachmedien.

Schramm, A. (Hrsg.). (2013). *Online-Marketing für das erfolgreiche Krankenhaus: Website, SEO, Social Media, Werberecht*. [Elektronische Version]. (1. Aufl.). Berlin: Springer-Verlag.

Sobhani, B. (2009). *Strategisches Management. Zukunftssicherung für Krankenhaus und Gesundheitsunternehmen*. (1. Aufl.). Berlin: MWV Medizinisch Wissenschaftliche Verlagsgesellschaft mbH Co. KG.

Sozialgesetzbuch. http://www.sozialgesetzbuch-sgb.de/sgbv/107.html. Zugegriffen: 09. Sep. 2013.

Spalink, H. (Hrsg.). (2004). *Kundenparadies Deutschland. Aktuelle Spitzenleistungen und Konzepte für die Zukunft*. (1. Aufl.). Berlin: Springer-Verlag.

Springer Gabler Verlag. (Hrsg.). Gabler Wirtschaftslexikon, Stichwort: Kunde. http://wirtschaftslexikon.gabler.de/Archiv/2623/kunde-v7.html. Zugegriffen: 2. Okt. 2013.

Springer Gabler Verlag. (Hrsg.). Gabler Wirtschaftslexikon, Stichwort: Markt. http://wirtschaftslexikon.gabler.de/Archiv/4487/markt-v12.html. Zugegriffen: 2. Okt 2013.

Statistisches Bundesamt. (2013). *Gesundheit. Grunddaten der Krankenhäuser 2011.* [Elektronische Version]. Fachserie 12, Reihe 6.1.1.

Stern.de.    http://www.stern.de/digital/online/nutzer-rekord-YouTube-knackt-milliarden-marke-1987092.html. Zugegriffen: 9. Okt. 2013.

Van De Belt, T., Engelen, L., Berben, S., & Schoonhoven, L. (2010). Definition of Health 2.0 and Medicine 2.0: A Systematic Review. [Elektronische Version]. *Journal of Medical Internet Research*, Apr-Jun, 12(2): e18.

Van Eimeren, B., & Frees, B. (2013). Ergebnisse der ARD/ZDF-Onlinestudie 2013: Rasanter Anstieg des Internetkonsums – Onliner fast drei Stunden täglich im Netz. [Elektronische Version]. *Media Perspektiven 7-8/2013*.

Wirth, U. (2010). Neues aus Digit@lien – Soziale Netzwerke im Gesundheitssektor (1). Zur Ortsbestimmung von Health 2.0 in Europa. [Elektronische Version]. *Forum der Medizin_Dokumentation und Medizin_Informatik*, 2/2010.

# Analyse der Kundenorientierung in Krankenhäusern

3

**Zusammenfassung**

Die Analyse der Kundenorientierung von Krankenhäusern umfasst, eingeteilt in die Bereiche Zielsetzung und Fragestellung, methodische Vorgehensweise und die Berechnung von Ergebnissen, wichtige Aspekte der wissenschaftlichen Untersuchung in den Bereichen ‚soziale Netzwerke‘, ‚Krankenhauswebsites‘ und ‚Erreichbarkeit‘. Darüber hinaus erfolgt ein Auszug aus den Ergebnissen des Krankenhaus-Rankings, welches aus der Berechnung des Krankenhaus-Index gewonnen wurde. Auf Basis der theoretischen Grundlagen werden die wichtigsten Erkenntnisse aus der empirischen Untersuchung der dafür gewählten Krankenhäuser zusammengefasst. Zudem werden alle relevanten Ergebnisse aus der statistischen Analyse sowie die Ausprägung der Kundenorientierung der untersuchten Krankenhäuser dargelegt.

## 3.1 Zielsetzung und Fragestellung

Das Ziel der im weiteren Verlauf beschriebenen Untersuchung war es, die Kundenorientierung ausgewählter deutscher Krankenhäuser anhand verschiedener Parameter zu überprüfen. Die Kriterien für die Beurteilung der Kundenorientierung waren einerseits die Social-Media-Aktivität von Krankenhäusern und andererseits deren Erreichbarkeit für ihre Kunden. Im Bereich Social Media wurden im Rahmen der Datenerhebung die eigene Internetpräsenz sowie die Präsenz in den sozialen Netzwerken Facebook, Twitter und YouTube berücksichtigt. Hinsichtlich der Erreichbarkeit wurden die Kommunikationskanäle Email, Telefon und Brief untersucht. Anhand der Ergebnisse wurden dann die getesteten Krankenhäuser nach ausgewählten Kriterien miteinander verglichen und Schlussfolgerungen dar-

V. Nürnberg, B. Schneider, *Kundenmanagement im Krankenhaus*,
DOI 10.1007/978-3-658-05132-7_3, © Springer Fachmedien Wiesbaden 2014

aus abgeleitet. Zudem entstand aus den Untersuchungsergebnissen ein Ranking der getesteten Krankenhäuser, welches die Stellung der Krankenhäuser zueinander veranschaulichte. Für die statistische Auswertung der erhobenen Daten ergaben sich folgende Fragestellungen, die es zu überprüfen galt:

**Fragestellungen**

Besteht hinsichtlich der untersuchten Parameter in den Bereichen Website, soziale Netzwerke und Erreichbarkeit ein Unterschied bezüglich verschiedener Trägerschaften?

Besteht hinsichtlich der untersuchten Parameter in den Bereichen Website, soziale Netzwerke und Erreichbarkeit ein Unterschied bezüglich verschiedener Krankenhausgrößen bzw. Bettenzahlen?

Besteht hinsichtlich der untersuchten Parameter in den Bereichen Website, soziale Netzwerke und Erreichbarkeit ein Unterschied bezüglich des Krankenhausstandortes?

Besteht hinsichtlich der untersuchten Parameter in den Bereichen Website, soziale Netzwerke und Erreichbarkeit ein Unterschied bezüglich zwischen Krankenhäusern der untersuchten Krankenhausketten?

Gibt es hinsichtlich der untersuchten Parameter einen Zusammenhang zwischen den Bereichen Website, soziale Netzwerke und Erreichbarkeit?

Gibt es hinsichtlich der untersuchten Parameter Zusammenhänge innerhalb der Bereiche Website, soziale Netzwerke und Erreichbarkeit?

## 3.2    Material und Methodik

### 3.2.1    Untersuchungsgegenstand

Um Kundenorientierung der Krankenhäuser zu ermitteln, wurde zunächst eine Stichprobe aus der Gesamtheit aller deutschen Krankenhäuser ausgewählt, welche dann im weiteren Verlauf einer Analyse unterzogen wurden. Die Datenerhebung wurde aufgrund der verschiedenen Untersuchungsparameter in mehrere Teilaspekte aufgeteilt, sodass sich folgende Bereiche ergaben: Die Aktivität in sozialen Netzwerken, der eigene Internetauftritt der Krankenhäuser (Website), die schriftliche Erreichbarkeit (Email und Brief) sowie die telefonische Erreichbarkeit der

Krankenhäuser. Die Social-Media-Aktivität wurde ebenso wie die Krankenhaus-Website mittels einer Internetrecherche untersucht, während für die Überprüfung der Erreichbarkeit Test-Emails, Test-Briefe und Test-Anrufe eingesetzt wurden. Anhand der daraus gewonnen Ergebnisse wurden die Krankenhäuser im Anschluss an die Datenerhebung miteinander verglichen, außerdem wurde eine statistische Analyse durchgeführt.

Sämtliche Daten wurden während eines etwa vierwöchigen Test-Zeitraums Ende 2013 erhoben und im Anschluss daran verarbeitet. Vor der Datenerhebung mussten selbstverständlich die zu untersuchenden Krankenhäuser ausgewählt werden, wofür wie folgt verfahren wurde.

## 3.2.2  Auswahl der Stichprobe

Bevor mit der Datenerhebung begonnen werden konnte, mussten zunächst die zu untersuchenden Krankenhäuser ausgewählt werden. Laut Statistischem Bundesamt gibt es in Deutschland derzeit 2.045 Krankenhäuser, die jedoch in diesem Rahmen nicht in ihrer Gesamtheit untersucht werden konnten (Statistisches Bundesamt 2013). Stattdessen wurden aus dieser Grundgesamtheit zehn Prozent der Krankenhäuser für die Untersuchung ausgewählt, was einer Stichprobe von rund 205 Häusern entsprach. Um die ausgewählten Krankenhäuser deutschlandweit einheitlich zu erfassen, wurde die Auswahl an die Anzahl an Krankenhäusern im jeweiligen Bundesland angepasst. Folglich wurden nicht aus jedem Bundesland gleich viele Krankenhäuser für die Untersuchung herangezogen – was aufgrund der sehr unterschiedlichen Größe der Länder sowie der stark differierenden Einwohnerzahl und Zahl der Krankenhäuser keinen Sinn ergeben hätte – sondern es wurden wiederum zehn Prozent der Gesamtzahl an Krankenhäusern des Bundeslandes in die Stichprobe mit einbezogen. Die Krankenhäuser wurden dahingehend ausgewählt, dass diejenigen mit den größten Bettenzahlen in die Untersuchung eingingen. Dabei konnten jedoch Krankenhäuser, welche zum Teil auf mehrere Standorte mit jeweils kleineren Bettenzahlen aufgeteilt worden waren, nicht einbezogen werden.

## 3.2.3  Datenerhebung

Nach der Auswahl der Krankenhäuser für die Stichprobe wurden die untersuchten Parameter, anhand derer im Anschluss an die Untersuchung eine Beurteilung der Krankenhäuser erfolgte, genau beschrieben. Diese Kriterien stellten grundsätzlich nur eine Auswahl dar, da sowohl innerhalb der Teilbereiche Social Media und Erreichbarkeit als auch darüber hinaus noch weitaus mehr Faktoren, welche die Kundenorientierung repräsentieren, hätten untersucht werden können. Die Parameter der nachfolgenden Untersuchung wurden aus den bereits beschriebenen Strategien der Kundenorientierung entnommen.

Als ein Kriterium der Kundenorientierung wurde, sofern vorhanden, die Website der Krankenhäuser aus der Stichprobe analysiert. Dabei lag der Fokus zunächst darauf, ob das Krankenhaus überhaupt eine Website besaß. Wenn ja, so erfolgte eine Analyse der Website hinsichtlich des Vorhandenseins einer Verlinkung mit sozialen Netzwerken über Social Media Plugins, von Kontaktinformationen für Kunden, eines Gästebuchs bzw. einer Kommentarfunktion sowie hinsichtlich der Möglichkeit für Kunden einen Newsletter bzw. RSS Feed zu abonnieren und – für nicht deutschsprachige Kunden – die Sprache der Website zu verändern. Die Recherche im Bereich der sozialen Netzwerke umfasste die Aktivität des Krankenhauses in den sozialen Netzwerken Facebook, Twitter und YouTube. Hierbei wurden, sofern die Krankenhäuser einen Account besitzen, die Anzahlen an Facebook Likes und Visits, Twitter Followern und Tweets sowie die Abonnenten und Video-Aufrufe des YouTube Kanals erhoben.

Um die schriftliche Erreichbarkeit sowie die Reaktionszeit der Krankenhäuser auf schriftliche Anfragen zu überprüfen, wurden an jedes der 206 Krankenhäuser jeweils eine Test-Email und ein Test-Brief verschickt. Für das Überprüfen der telefonischen Erreichbarkeit wurde jedes Krankenhaus zu drei verschiedenen Zeitpunkten von einem Testkunden angerufen, der jeweils unterschiedliche Fragen und Anliegen vorbrachte. Bei den Test-Anrufen wurde außerdem die Wartezeit, bis der Kontakt zum Krankenhauspersonal hegestellt war, erfasst.

Im Hinblick auf die Datenerhebung gilt anzumerken, dass im Rahmen dieser Analyse nur ein Teil aller Dimensionen der Kundenorientierung in Krankenhäusern abgedeckt werden konnte. Sicherlich könnten in breiter angelegten Studien im Bereich der Online Medien und der Erreichbarkeit noch unzählige weitere Parameter untersucht werden, was jedoch in diesem Rahmen aufgrund begrenzter materieller und personeller Ressourcen zu umfangreich gewesen wäre. Daher erhob auch die Anzahl von drei Test-Anrufen, einer Test-Email und einem Test-Brief keinen Anspruch auf Vollständigkeit. Darüber hinaus wurden die Test-Anrufe und -Email am jeweiligen Test-Tag innerhalb einer Zeitspanne von zwei bis drei Stunden durchgeführt, sodass hier die Vergleichbarkeit hätte in Frage gestellt werden können. Dies wäre möglicherweise mit einer größeren Anzahl von Test-Anrufern und Personen, welche die Test-Emails gleichzeitig absenden, zu vermeiden gewesen. Einen möglichen Kritikpunkt könnte auch die Tatsache, dass die Datenerhebung in manchen deutschen Bundesländern innerhalb der Sommerferien stattfand, darstellen. Es wurde jedoch beschlossen, dies nicht weiter zu berücksichtigen, da Krankenhäuser nach Meinung der Untersuchungsleiter auch innerhalb der Ferien Anfragen von Kunden beantworten sollten. Somit konnten anhand der erhobenen Daten aussagekräftige Ergebnisse abgeleitet werden, die Anhaltspunkte bezüglich verschiedener Aspekte der Kundenorientierung boten.

### 3.2.4 Erstellen eines Krankenhaus-Rankings

Im Anschluss an die Datenerhebung wurden die Krankenhäuser auf Basis der Ergebnisse der Analyse der sozialen Netzwerke, der Krankenhaus-Website, der Test-Emails, Test-Briefe und Test-Anrufe in eine Rangfolge gebracht. Hierfür wurde jedem einzelnen Parameter eine zu erreichende Maximalpunktzahl zugeordnet, die in Summe 100 ergaben. Im Bereich soziale Netzwerke und Website konnten maximal 50 Punkte erreicht werden, die restlichen 50 Punkte wurden auf die schriftliche und telefonische Erreichbarkeit aufgeteilt. Hinsichtlich der Analyse der Krankenhauswebsite musste aufgrund der angestrebten Vergabe von 100 Punkten auf einen der Parameter verzichtet werden. Hierfür wurde das Kriterium der Veränderbarkeit der Sprache auf der Website ausgewählt, das es im Vergleich zu den anderen Kriterien eine etwas geringere Bedeutung zu haben schien.

Für den Fall, dass ein Krankenhaus beispielsweise keinen Facebook Account besaß, erhielt es für den Bereich Facebook null Punkte. Hatte ein Krankenhaus zwar eine Website, jedoch keine Social Media Plugins, erhielt es für das Vorhandensein der Website und die restlichen Parameter die entsprechenden Punkte und für das Kriterium ‚Social Media Plugin' keinen Punkt.

An dieser Stelle muss noch einmal betont werden, dass sich anhand der verwendeten Daten ausschließlich in den Bereichen soziale Netzwerke, Websites und Erreichbarkeit eine Aussage über die Kundenorientierung der untersuchten Krankenhäuser treffen ließ. Auf Basis der Daten konnten somit weder die subjektive Kundenzufriedenheit noch die medizinische Qualität der Krankenhäuser beurteilt werden.

Zudem muss berücksichtigt werden, dass die Gewichtung der Bereiche soziale Netzwerke, Website und Erreichbarkeit und auch die Punktevergabe an die einzelnen Parameter frei gewählt waren. Selbstverständlich könnten in anderen Studien die Gewichtung und die Punktevergabe auf andere Weise erfolgen, sodass die Schwerpunkte innerhalb der Aspekte der Kundenorientierung anders verteilt wären. Im Rahmen dieser Arbeit erschien die gewählte Methode allerdings am besten geeignet.

## 3.2.5  Statistische Analyse der Daten

Die statistische Analyse der erhobenen Daten wurde mit Hilfe des Statistikprogramms SPSS 21 von IBM durchgeführt. Die statistische Auswertung umfasste einerseits die deskriptive, auch beschreibende Statistik genannt, und andererseits die Inferenzstatistik, zu der hier die Verwendung von Mittelwertsvergleichen und Zusammenhangstests zählten. Im Rahmen der deskriptiven Statistik wurden für die erhobenen Krankenhausdaten Häufigkeiten, Streu- und Lagemaße berechnet, während bei den inferenzstatistischen Berechnungen spezielle statistische Verfahren zur Ermittlung von Zusammenhängen und Unterschieden zwischen einzelnen Parametern angewendet wurden.

## 3.3  Ergebnisse

## 3.3.1  Krankenhaus-Ranking

Aus den Analysen der verschiedenen Parameter der Datenerhebung und den daraus gewonnenen Daten wurde, wie bereits in Kap. 3.2.4 erläutert, ein Ranking der untersuchten Krankenhäuser erstellt. Die Ergebnisse, die sich in Form eines Index aus der hierfür erstellten Formel ergaben, bildeten die Grundlage für die Rangfolge der Krankenhäuser.

Die zwei Krankenhäuser mit den besten Werten hinsichtlich der untersuchten Bereiche Website, soziale Netzwerke sowie schriftliche und telefonische Erreichbarkeit sind die Asklepios Klinik Hamburg Harburg mit 76,25 % und das Klinikum Bielefeld mit 76,06 %. Bei der getrennten Betrachtung der Ergebnisse nach Krankenhausträgern belegte unter den Krankenhäusern in öffentlicher Trägerschaft das Klinikum Bielefeld Platz eins (76,06 %) und das Ortenau Klinikum Offenburg-Gengenbach Platz zwei (72,85 %). Bei den frei/gemeinnützigen Krankenhäusern lagen die Kliniken Essen-Mitte mit 73,56 % auf dem ersten Platz und das St. Josefs-Hospital Wiesbaden mit 73,06 % auf dem zweiten Platz. Unter den Krankenhäusern mit privatem Träger belegte die Asklepios Klinik Hamburg Harburg (76,25 %) den ersten und die Asklepios Klinik Hamburg Barmbek (69,80 %) den zweiten Rang. Neben den Platzierungen getrennt nach Trägerschaft wurden für die untersuchten Krankenhäuser Rangfolgen in den einzelnen Bundesländern erstellt. In Tab. 3.1 sind für jedes Bundesland die jeweils ersten beiden Platzierungen zu sehen.

Darüber hinaus wurden die Krankenhäuser anhand ihrer Bettenzahlen in Anlehnung an die statistische Analyse in drei gleich große Gruppen eingeteilt.

**Tab. 3.1** Platzierungen der Krankenhäuser getrennt nach Bundesländern

| Bundesland des KH | 1. Platz | Krankenhaus-Index (%) | 2. Platz | Krankenhaus-Index (%) |
|---|---|---|---|---|
| Baden-Württemberg | Ortenau Klinikum Offenburg-Gengenbach | 72,85 | Klinikum Esslingen | 65,44 |
| Bayern | Sana Klinikum Hof | 72,55 | Klinikum Neumarkt | 67,80 |
| Berlin | HELIOS Klinikum Emil von Behring | 69,15 | St. Hedwig Krankenhaus | 67,55 |
| Brandenburg | Ruppiner Kliniken Neuruppin | 62,55 | Klinikum Frankfurt (Oder) | 60,06 |
| Bremen | Klinikum Bremen Mitte | 48,20 | Klinikum Bremen-Ost | 47,50 |
| Hamburg | Asklepios Klinik Hamburg Harburg | 76,25 | Asklepios Klinik Hamburg Barmbek | 69,80 |
| Hessen | St. Josefs-Hospital Wiesbaden | 73,06 | Klinikum Hanau | 65,14 |
| Mecklenburg-Vorpommern | Universitätsmedizin Rostock | 55,02 | Dietrich-Bonhoeffer-Klinikum Neubrandenburg | 50,56 |
| Niedersachsen | Klinikum Hildesheim | 70,25 | Georg-August-Universität Göttingen | 64,51 |
| Nordrhein-Westfahlen | Klinikum Bielefeld | 76,06 | Kliniken Essen-Mitte | 73,56 |
| Rheinland-Pfalz | Klinikum Mutterhaus der Borromäerinnen Trier | 61,69 | StiftungsKlinikum Mittelrhein Koblenz | 58,56 |
| Saarland | Klinikum Saarbrücken | 55,73 | Universitätsklinikum des Saarlandes Homburg | 51,15 |
| Sachsen | Universitätsklinikum Carl Gustav Carus Dresden | 63,93 | Klinikum St. Georg Leipzig | 53,09 |

**Tab. 3.1** (Fortsetzung)

| Bundesland des KH | 1. Platz | Krankenhaus-Index (%) | 2. Platz | Krankenhaus-Index (%) |
|---|---|---|---|---|
| Sachsen-Anhalt | Krankenhaus St. Elisabeth und St. Barbara Halle (Saale) | 65,48 | Universitätsklinikum Halle (Saale) | 48,47 |
| Schleswig-Holstein | Segeberger Kliniken Bad Segeberg | 64,53 | Friedrich-Ebert-Krankenhaus Neumünster | 62,98 |
| Thüringen | HELIOS Klinikum Erfurt | 63,93 | SRH Wald-Klinikum Gera | 63,47 |

Es wurden auch bei dieser Einteilung Krankenhäuser mit bis zu 587 Betten, Häuser mit zwischen 587 und 880 Betten und solche mit mehr als 880 Krankenhausbetten zusammengefasst, sodass auch für diese Gruppen Platzierungen vergeben werden konnten. In der Gruppe mit der kleinsten Anzahl an Betten lag das St. Josefs-Hospital Wiesbaden mit 73,06 % auf dem ersten und das Sana Klinikum Hof mit 72,55 % auf dem zweiten Platz. Unter den Krankenhäusern mit 587 bis 880 Betten belegte die Asklepios Klinik Hamburg Harburg mit 76,25 % Platz eins und das Klinikum Bielefeld mit 76,06 % Platz zwei, während bei den Krankenhäusern mit einer Anzahl von mehr als 880 Betten das Universitätsklinikum Aachen (68,86 %) den ersten Platz vor dem Klinikum Nürnberg (67,17 %) auf dem zweiten Platz belegte.

Die Untersuchung der Krankenhäuser wurde so konzipiert, dass es sowohl den Krankenhäusern selbst, als auch deren Kunden wertvolle Anhaltspunkte zu den untersuchten Aspekten der Kundenorientierung liefern konnte. Ferner ging aus der Analyse hervor, dass sich die untersuchten Krankenhäuser in der Nutzung neuer Medien und der Erreichbarkeit für ihre Kunden zum Teil erheblich unterschieden. Dies wurde insbesondere an der jeweiligen Platzierung des Krankenhauses im Ranking deutlich. Ein Krankenhaus, welches viele der Kriterien erfüllte, deren Vorhandensein gefordert war, war demnach besser platziert als ein Krankenhaus, welches beispielsweise weniger Test-Anrufe beantwortete oder eine geringere Zahl an Facebook Likes aufwies.

Mit Hilfe des Vergleichs der erreichten Punktzahlen im Krankenhaus-Ranking mit Bewertungen von Unternehmen anderer Branchen konnten die Ergebnisse der getesteten Krankenhäuser besser eingeordnet werden. Im Rahmen des Deutschen Servicepreises 2013 wurden beispielsweise im Bereich Tourismus die Servicequalität bei Telefon und Email, sowie die Internetauftritte von Budget-Hotels untersucht. Der Sieger dieses Rankings erreichte 84,5 von möglichen 100 Punkten und lag damit knapp zehn Punkte über der Maximalpunktzahl des Krankenhaus-Rankings von 76,25 Punkten. Im Gegensatz dazu schnitt in einem Ranking der Filial- und Direktbanken nach dem Service Index der beste Teilnehmer mit 74 von 100 Punkten ab.[1]

## 3.3.2  Häufigkeiten, Streu- und Lagemaße

*Krankenhauswebsites*  Aus der Datenerhebung ergab sich, dass bis auf eine Ausnahme alle untersuchten Krankenhäuser eine eigene Website mit darauf befindlichen Kontaktinformationen hatten. Die Nutzung von Social Media Plugins, Gästebüchern bzw. Kommentarfunktionen und auch die Bereitstellung von Newslettern bzw. RSS Feeds und anderer Sprachen war unter den getesteten Krankenhäusern jedoch weitaus weniger verbreitet. Daran wurde deutlich, dass zwar schon viele Krankenhäuser mit einer eigenen Seite im Internet vertreten waren, die Gestaltungsmöglichkeiten der Website jedoch noch nicht ausgeschöpft wurden.

*Soziale Netzwerke*  Im Gegensatz zum YouTube Kanal und zum Twitter Account verfügten – ähnlich wie im Falle der Websites – nahezu alle untersuchten Krankenhäuser über einen eigenen Facebook Account. Auch an den erhobenen Anzahlen an Likes, Visits, Followern, Tweets, Abonnenten und Aufrufen im Bereich der sozialen Netzwerke wurde deutlich, dass unter ihnen die Nutzung von Facebook am weitesten verbreitet war. Dies liegt möglicherweise daran, dass Facebook in Deutschland derzeit das am häufigsten genutzte soziale Netzwerk ist.

*Erreichbarkeit*  Bei den Testanrufen schnitten die getesteten Krankenhäuser insgesamt beim ersten Anruf am besten ab, sodass die Frage nach dem Preis für ein Einzelzimmer am häufigsten beantwortet werden konnte. Auch die Frage nach glutenfreiem Essen wurde vergleichsweise häufig beantwortet, wohingegen die Anfrage im dritten Anruf mit der Bitte um Informationsmaterial von einer sehr geringen Anzahl an Krankenhäusern erfüllt wurde. Da die Frage nach Informationsmaterial sonntags zwischen 17 und 20 Uhr gestellt wurde, könnte die geringe Rückmeldung der Krankenhäuser mit dem Zeitpunkt des Test-Anrufs begründet werden. Die beiden Anfragen, die während der Woche tagsüber getätigt wurden, konnten vom jeweiligen Krankenhauspersonal offensichtlich leichter beantwortet werden.

---

[1] http://disq.de/studien.html.

Hinsichtlich der Wartezeiten, bis eine telefonische Verbindung zum jeweiligen Krankenhaus hergestellt werden konnte, unterschieden sich die drei Test-Anrufe augenscheinlich voneinander. Während bei Anruf 1 und 2 mit 54,4356 und 62,6207 s die empfohlene Wartezeit von 20 s deutlich überschritten wurde, lag die Zeit, bis ein telefonischer Kontakt zum Krankenhaus entstand, mit 18,5588 s unter dem Richtwert. Als möglicher Grund hierfür könnte die Anrufzeit (Sonntag 17 bis 20 Uhr) genannt werden, wobei dies im Widerspruch zu schlechten Beantwortung der Anfrage beim dritten Test-Anruf stünde, sodass auch andere Ursachen für dieses Phänomen denkbar sind.

Knapp zwei Drittel der Krankenhäuser beantworteten die Test-Email und den Test-Brief, wobei die Reaktionszeit auf Emails mit durchschnittlich 34 h und 30 min über den anzustrebenden 24 h lag. Die Antwort auf die Test-Briefe traf im Schnitt nach rund 14,5 Tagen ein, im Allgemeinen erwarten viele Kunden jedoch, dass postalische Antworten innerhalb einer Woche zugestellt werden. Daran wurde deutlich, dass sich die untersuchten Krankenhäuser in diesen Bereichen noch deutlich steigern müssen. Mögliche Gründe für diese Versäumnisse könnten im Bereich des Personals liegen, das für schriftliche Anfragen an das Krankenhaus zuständig ist. So ist es durchaus vorstellbar, dass für die Bearbeitung von Emails und Briefen beispielsweise nicht genügend personelle Ressourcen zur Verfügung stehen oder die entsprechenden Mitarbeiter nicht ausreichend für die Beantwortung der Anfragen geschult wurden.

*Vergleich der Krankenhausketten*  Beim Vergleich der erhobenen Krankenhausdaten der drei Krankenhausketten Asklepios, Helios und Sana wurde deutlich, dass zwischen den Häufigkeiten, Streu- und Lagemaßen der untersuchten Parameter einige augenscheinliche Unterschiede auftraten. Es konnte sich jedoch keine der Krankenhausketten deutlich von den anderen absetzen, da es je nach Kriterium variierte, welche Krankenhauskette die besten Werte erzielte. So lagen die Asklepios Kliniken bei den Parametern YouTube, Twitter und RSS Feed/Newsletter zwar vor den anderen, die Sana Kliniken führten jedoch in den Facebook Likes und den Kriterien der Erreichbarkeit, während die Helios Kliniken über die meisten Facebook Visits verfügen und bei ihnen im Gegensatz zu den anderen beiden Ketten die Sprache ihrer Websites verändert werden konnte. Nur zwei der Asklepios-Kliniken verfügten über Social Media Plugins, während alle anderen Häuser der Krankenhausketten Plugins integriert hatten. In Bezug auf die Auskunft auf Anrufe und die Beantwortung von Email und Brief schnitten die Krankenhäuser der Sana-Kliniken am besten ab, da bei ihnen 80 % der Häuser drei bzw. vier Anfragen aus den insgesamt fünf Anfragen – kombiniert aus Anrufen, Briefen und Email – beantworteten (zum Vergleich: 60 % der Helios-Kliniken und 50 % der Asklepios-Kliniken). Bei den Wartezeiten wies bei jedem Anruf jeweils eine der Krankenhausketten die kürzeste Zeit auf, auf die Email reagierten die Krankenhäuser der Sana-Kliniken am schnellsten, auf den Brief antworteten die Asklepios-Kliniken innerhalb der kürzesten Zeit.

### 3.3.3 Signifikante Zusammenhänge

Aus den inferenzstatistischen Berechnungen ergaben sich signifikante, positive Zusammenhänge zwischen den Kriterien der Krankenhauswebsite und den Kriterien aus den sozialen Netzwerken, d. h. gute Ergebnisse im Bereich der Krankenhauswebsite gingen mit guten Ergebnissen in der Analyse der sozialen Netzwerke einher. Dabei war es naheliegend, dass auch signifikante, positive Zusammenhänge innerhalb der Kriterien der sozialen Netzwerke auftraten, d. h. eine höhere Anzahl an Facebook Likes bedeutete beispielsweise auch eine höhere Anzahl an Facebook Visits. Der signifikante, positive Zusammenhang zwischen der Reaktionszeit auf Briefe und der Anzahl an Followern und Tweets warf jedoch die Frage auf, warum Krankenhäuser, die später auf die Test-Briefe antworteten, bessere Ergebnisse in den Kriterien von Twitter erzielten. Abgesehen von diesem schwer einzuordnenden Zusammenhang ergaben sich im Bereich der Erreichbarkeit keine signifikanten Zusammenhänge. Gründe dafür könnten die möglicherweise zu geringe Anzahl an Test-Anrufen, Test-Emails und Test-Briefen oder eventuell zu wenig aussagekräftige Warte- und Reaktionszeiten gewesen sein.

Weitere Zusammenhänge, die anhand von Kreuztabellen mit dem Chi-Quadrat-Test ermittelt wurden, zeigten, dass Krankenhäuser, die einen eigenen YouTube Kanal besaßen auch mit höherer Wahrscheinlichkeit über einen eigenen Twitter Account verfügten. Der signifikante Zusammenhang zwischen der Krankenhauswebsite und den darauf befindlichen Kontaktinformationen erschien logisch, da alle Krankenhäuser, die einen eigenen Internetauftritt hatten, dort auch Kontaktinformationen zur Verfügung stellten. Ebenfalls naheliegend war die Tatsache, dass die Plugins der verschiedenen sozialen Netzwerke untereinander zusammenhingen, sodass diese auf den Krankenhauswebsites häufig in Kombination zu finden waren. Nutzten Krankenhäuser also ein Social Media Plugin für ein soziales Netzwerk, so schien die Bereitschaft größer zu sein, auch andere Plugins in die Website zu integrieren.

## 3.3.4 Signifikante Unterschiede

Die Berechnungen von Mittelwertsunterschieden zwischen den Krankenhäusern der verschiedenen Trägerschaften ergaben, dass Häuser in privater Trägerschaft, bezogen auf die erhobene Anzahl an Likes, Visits, Followern, Tweets, Abonnenten und Aufrufen in sozialen Netzwerken, insgesamt bessere Werte aufwiesen als die übrigen Krankenhäuser. So zeigten sich bei Häusern in privater Trägerschaft hinsichtlich YouTube signifikant bessere Werte bei Einrichtungen in öffentlicher und freier/gemeinnütziger Trägerschaft. Bei den Twitter Followern schnitten hingegen öffentliche Krankenhäuser am besten ab, während private Häuser die meisten Tweets aufwiesen. Bei der Betrachtung der einzelnen Kriterien, für die sich signifikante Unterschiede ergaben, waren Häuser mit privatem Träger also nicht durchweg besser, da in einem Fall auch die Krankenhäuser in öffentlicher Trägerschaft führend waren. Dennoch lagen Krankenhäuser, die öffentliche und frei/gemeinnützige Träger hatten, vor allem in der Nutzung der sozialen Netzwerke hinter den Krankenhäusern mit privaten Trägern zurück. Aufgrund dieser Ergebnisse lag die Vermutung nahe, dass Krankenhäuser in privater Trägerschaft wegen ihrer oft besseren wirtschaftlichen Lage über mehr Ressourcen verfügten, um in die untersuchten Aspekte der Kundenorientierung zu investierten, als Häuser mit öffentlichem oder frei/gemeinnützigem Träger.

Auch bei der Unterscheidung der Krankenhäuser anhand der Bettenzahlen ergaben sich signifikante Unterschiede zwischen den Gruppen. Bei der Gesamtbetrachtung der Kriterien der Website sowie der Summe der erhobenen Anzahl an Likes, Visits, Followern, Tweets, Abonnenten und Aufrufen in sozialen Netzwerken ergaben sich signifikante Unterschiede zwischen den Krankenhäusern. In den einzelnen Items der sozialen Netzwerke wiesen in den Bereichen YouTube und bei der Anzahl an Tweets Krankenhäuser mit 587 bis 880 Betten die meisten Nutzerzahlen auf, während Krankenhäuser mit mehr als 880 Betten im Bereich Facebook und bei den Followern die größten Werte hatten. ,Kleine' Häuser mit bis zu 587 Betten lagen deutlich hinter den anderen beiden Gruppen zurück. Dies lag möglicherweise daran, dass besonders Krankenhäuser mit einer geringeren Bettenzahl häufig in einer kritischen finanziellen Lage sind und aus diesem Grund weniger Mittel in die Nutzung sozialer Netzwerke und der Website investieren können.

Zuletzt wurden die Krankenhäuser noch hinsichtlich ihres Standortes unterschieden. Signifikante Unterschiede zwischen Standorten innerhalb und außerhalb von Metropolregionen traten – ähnlich wie bei der Unterscheidung anhand der Bettenzahlen – in den Parametern der sozialen Netzwerke und der Websites auf. Sowohl in den Variablen, die alle Kriterien aus den sozialen Netzwerken und alle Kriterien der Websites umfassten, als auch in allen einzelnen Variablen der sozialen Netzwerke (Anzahl an Likes, Visits, Followern, Tweets, Abonnenten und Aufrufen) zeigten Krankenhäuser, die in einer Metropolregion lokalisiert waren, höhere Werte und damit bessere Ergebnisse. Als Ursache konnte die stärkere Wettbewerbssituation in Regionen mit einer hohen Krankenhausdichte angesehen werden.

Bei der Betrachtung aller signifikanten Unterschiede und Zusammenhänge fiel auf, dass diese insbesondere für die Kriterien im Bereich der sozialen Netzwerke und der Krankenhauswebsites, jedoch nur in sehr geringem Umfang für Kriterien der Erreichbarkeit zutrafen. Möglicherweise hätten, um auch für die Parameter der Erreichbarkeit signifikante Ergebnisse zu erhalten, weitere quantitative oder auch qualitative Daten erhoben werden müssen.

## Literatur

Deutscher Servicepreis. (2013). http://disq.de/studien.html. Zugegriffen: 9. Jan. 2014.

Statistisches Bundesamt. (2013). *Gesundheit. Grunddaten der Krankenhäuser 2011*. (Elektronische Version). Fachserie 12, Reihe 6.1.1.

# Schlussbetrachtung

4

**Zusammenfassung**

Im Zuge der Schlussbetrachtung werden zunächst anhand der untersuchten Bereiche ‚soziale Netzwerke', ‚Krankenhauswebsites' und ‚Erreichbarkeit' der Handlungsempfehlungen für Krankenhäuser herausgearbeitet. Darüber hinaus erfolgt im Rahmen des Fazit eine abschließende Bewertung der Kundenorientierung der an der Untersuchung beteiligten Krankenhäuser und eine Einordnung der Ergebnisse in die aktuellen Entwicklungen des stationären Gesundheitssektors.

## 4.1 Handlungsempfehlungen

Aus den in der statistischen Analyse ermittelten Werten, Unterschieden und Zusammenhängen können einige Handlungsempfehlungen abgeleitet werden.

Im Bereich der Krankenhauswebsites ist positiv zu verzeichnen, dass nahezu alle Krankenhäuser einen eigenen Internetauftritt besitzen und dort ihre Kontaktinformationen zur Verfügung stellen. Verbesserungsbedarf würde hier insbesondere bei der Bereitstellung von Informationen durch einen Newsletter oder RSS Feed, der Zugänglichkeit für andere Nationen durch die Sprache der Website und der Bereitstellung von Möglichkeiten für Kunden bzw. Patienten zur Meinungsäußerung bestehen. In Bezug auf die Parameter der Krankenhauswebsite ist laut der erhobenen Daten der Einsatz von Social Media Plugins am wenigsten verbreitet, was folglich die Verknüpfung der Website mit sozialen Netzwerken erschwerte und in Zukunft stärker genutzt werden sollte.

Zwischen den untersuchten Krankenhäusern besteht ein deutlicher Unterschied in der Nutzung der Social-Media-Kanäle. Während fast alle Krankenhäuser bei

Facebook vertreten sind, werden die Möglichkeiten, die sich durch einen eigenen YouTube Kanal und der damit verbundenen Veröffentlichung von Videos ergeben würden, noch zu wenig genutzt. Eine noch geringere Verbreitung bei den Krankenhäusern besteht im sozialen Netzwerk Twitter, was jedoch zum Teil an der in Deutschland insgesamt geringeren Verbreitung von Twitter im Vergleich zu anderen sozialen Netzwerken liegen mag. Insgesamt scheint im Bereich der sozialen Netzwerke noch viel ungenutztes Potential zu stecken, welches die Krankenhäuser in Zukunft ausschöpfen können und – angesichts ihrer finanziellen Lage – müssen.

In Bezug auf die Erreichbarkeit wird deutlich, dass zum Teil ein großes Verbesserungspotential besteht. Die Auskünfte auf Anfragen per Telefon, Email oder Brief fallen nicht so zuverlässig und positiv aus, wie es für die Kunden eines Krankenhauses angemessen wäre. Auch die Wartezeiten bis ein telefonischer Kontakt hergestellt wird, sind bei zwei der drei Test-Anrufe im Schnitt zu lang. Somit müssen sich viele der Krankenhäuser, die Teil dieser Untersuchung waren, im Bereich der Erreichbarkeit noch deutlich steigern.

Aus der Unterscheidung der Krankenhäuser nach Trägerschaft, Bettenzahl und Standort lässt sich ableiten, dass Krankenhäuser in öffentlicher und freier/gemeinnütziger Trägerschaft künftig stärker an ihrer Kundenorientierung arbeiten müssen als private Häuser. Dasselbe trifft auf Krankenhäuser mit einer geringeren Anzahl an Betten wie auch auf Krankenhäuser mit Standort außerhalb von Metropolregionen zu.

Diejenigen Krankenhäuser, die – laut der durchgeführten Untersuchung – im einen oder anderen Bereich der Kundenorientierung Defizite aufweisen, müssen also, um wettbewerbsfähig zu bleiben, mehr Ressourcen in diese Bereiche investieren.

## 4.2  Fazit

Abschließend bleibt zu sagen, dass die Messung der Kundenorientierung ausgewählter deutscher Krankenhäuser aufschlussreiche und aussagekräftige Ergebnisse hinsichtlich der Aktivität in sozialen Netzwerken und der Kundenfreundlichkeit der Website aufzeigen kann. Zudem können aus der Untersuchung mögliche Ursachen für die Ausprägung der Ergebnisse sowie Handlungsempfehlungen für die beteiligten Krankenhäuser abgeleitet werden.

Für zukünftige Untersuchungen empfiehlt es sich, noch weitere, ggf. qualitative, Kriterien der Kundenorientierung in Krankenhäusern zu erheben. Für aussagekräftigere Ergebnisse hinsichtlich der telefonischen und schriftlichen Erreichbarkeit wäre es möglicherweise hilfreich, eine größere Anzahl an Test-Anrufen, Test-

Emails und Test-Briefe einzusetzen. Letztlich bleibt festzuhalten, dass das Thema Kundenorientierung von Krankenhäusern in den Bereichen soziale Netzwerke, Website und Erreichbarkeit noch bei weitem nicht ausgeschöpft ist und sicher noch in zahlreichen weiteren Studien untersucht werden kann.

Zusammenfassend kann außerdem festgestellt werden, dass der Krankenhausmarkt weit weniger kundenorientiert arbeitet, als es in anderen Branchen der Fall ist. Dies kann auf verschiedene Ursachen zurückgeführt werden. Zum einen war der stationäre Sektor früher ein staatlicher Markt, der erst jetzt sukzessive einer Privatisierung unterliegt. Dazu kommt, dass der Wettbewerb nur um ein Teilsegment des Marktes, nämlich die ca. 20 % der Patienten, die eine reale, freie Krankenhauswahl haben, stattfindet. Grundsätzlich besitzt die Gesundheit an sich eine andere ethische Wertigkeit als Konsumgüter und es ist einem Teil des medizinischen Personals noch fremd, im Patienten einen Kunden zu sehen. In ländlich geprägten Regionen gibt es faktisch keinen Wettbewerb unter Krankenhäusern, da das nächste vergleichbare Krankenhaus bis zu 50 Kilometer entfernt liegen kann.

Nach aktuellen Erhebungen sind rund 30 % der Krankenhäuser aus finanziellen Gründen in ihrer Existenz bedroht. Für sie gilt es nun, Wege aus der Krise zu finden. Oftmals ist eine Erhöhung der Kundenorientierung eine kostenneutrale Chance, die zu einer Differenzierung und Profilierung gegenüber mitbewerbenden Krankenhäusern beiträgt.

Aufgrund des Investitionsstaus bei Einrichtungen in öffentlicher und frei/gemeinnütziger Trägerschaft wird der Trend zu Privatisierung anhalten. Die empirischen Ergebnisse haben gezeigt, dass Häuser in privater Trägerschaft innovativen Instrumenten zur Stärkung der Kundenorientierung deutlich offener gegenüberstehen, was insbesondere beim Einsatz neuer Medien deutlich wurde.

Derzeit wird der gravierende Verdacht diskutiert, dass einzelne Krankenhäuser ihre finanzielle Notsituation dadurch zu kompensieren versuchen, dass sie finanziell lukrative Behandlungen – laut dem AOK Krankenhausreport 2013 betrifft dies besonders Wirbelsäulen-Operationen – möglicherweise ohne hinreichende medizinische Indikation durchführen.[1] Es ist jedoch damit zu rechnen, dass die Effizienz, Effektivität und Wirksamkeit von Eingriffen auf Basis evidenzbasierter Medizin in Zukunft zunehmend unter ökonomischen Gesichtspunkten kritisch durchleuchtet werden. Die gesetzlichen Krankenkassen als größter Kostenträger werden perspektivisch aufgrund der durch den demografischen Wandel abnehmenden Einzahler verstärkt von einer Unterfinanzierung betroffen sein. Umgekehrt werden die großen Kostentreiber wie der technische Fortschritt, Lifestyle und demografische

---

[1] http://www.spiegel.de/gesundheit/diagnose/aok-krankenhausreport-zahl-der-wirbelsaeulen -ops-drastisch-gestiegen-a-871515.html.

Wandel die Ausgabenseite ständig wachsen lassen. Dieser Trend könnte dazu führen, dass die gesetzliche Krankenversicherung auch im Krankenhausbereich langfristig nur noch eine Grundversorgung absichern kann (Neubauer 2007). Schon heute müssen sich deshalb stationäre Einrichtungen analog zu ihren ambulanten Kollegen mit den sogenannten ‚IGeL-Leistungen' (individuelle Gesundheitsleistungen) auf einen wachsenden Selbstzahlermarkt einstellen. Dies kann zum einen im nicht-medizinischen Bereich mit Leistungen wie besserer Verpflegung, umfangreicherer Betreuung und luxuriös ausgestatteten Einzelzimmern geschehen. Zum anderen gilt es im medizinischen Bereich Wachstumsmärkte wie ästhetische Eingriffe, Komplementärmedizin und Maßnahmen im Zusammenhang mit der ständig wachsenden Zahl psychosozialer Erkrankungen zu nutzen.

Im Laufe der letzten Jahrzehnte hat sich gerade durch die Einführung der DRGs die medizinische Behandlung effizienter gestaltet. Dabei wurden in der subjektiven Wahrnehmung der Patienten wichtige Elemente des Kundenservice, z. B. die Kundenkontaktzentren, vernachlässigt. Die Ergebnisse in den untersuchten Dimensionen der Kundenorientierung sind in ihrer Gesamtheit so schlecht wie in kaum einer anderen Branche. Zwar treten nicht in allen Items bei allen getesteten Krankenhäusern durchweg schlechte Werte auf, das Gesamtniveau liegt aber mit durchschnittlich etwa 52 von 100 möglichen Punkten gerade noch im Bereich der Schulnote „ausreichend". Es bedarf also des „Nachhilfeunterrichts" von Externen, um Abläufe zu optimieren, Arbeit neu zu organisieren und besonders Personal zu qualifizieren.

## Literatur

AOK Krankenhausreport. (2013). unter. http://www.spiegel.de/gesundheit/diagnose/aok-krankenhausreport-zahl-der-wirbelsaeulen-ops-drastisch-gestiegen-a-871515.html. Zugegriffen: 9. Jan. 2014.
Neubauer, G. (2007). Das sozialökonomische Fundamentalproblem, die Nachhaltigkeitslücke und Lösungswege. Symposium „Sicherheit im Alter, bei Pflegebedürftigkeit und Krankheit – Reicht die Soziale Sicherung?". http://www.wiso-gruppe.de/fileadmin/wiso-gruppe.de/media/downloads/sonstiges/Neubauer_200907.pdf?PHPSESSID=0c00d52f2c a69c78668a67a593578460. Zugegriffen: 13. Jan. 2014.